用文字照亮每个人的精神夜空

微信 | 微博 | 豆瓣　领读文化

中国人的精神建筑师

屈原

举世皆浊我独清
众人皆醉我独醒

游国恩 著

大连出版社

ⓒ 游国恩 2025

图书在版编目（CIP）数据

屈原 / 游国恩著 . -- 大连：大连出版社 , 2025.
9. -- (中国人的精神建筑师). -- ISBN 978-7-5505
-2290-9

Ⅰ. K825.6
中国国家版本馆 CIP 数据核字第2024P8P906号

QU YUAN
屈原

出 品 人	王延生
责任编辑	于凤英　钟晓晨
装帧设计	董　然
责任校对	张　爽
责任印制	刘正兴
出版发行者	大连出版社
地址	大连市西岗区东北路161号
邮编	116016
电话	0411- 83620245/83620573
传真	0411- 83610391
网址	http://www.dlmpm.com
邮箱	dlcbs@ dlmpm. com
印 刷 者	北京金特印刷有限责任公司
幅面尺寸	130mm × 185mm
印　　张	6.75
字　　数	113千字
出版时间	2025年9月第1版
印刷时间	2025年9月第1次印刷
书　　号	ISBN 978-7-5505-2290-9
定　　价	48.00元

版权所有　侵权必究
如有印装质量问题，请与印厂联系调换。电话：010-68661003

(明)朱约佶《屈原像轴》

目录

- 001 · 第一章　导言
- 009 · 第二章　战国的形势和楚国的内政与外交
- 021 · 第三章　屈原的生平
- 051 · 第四章　关于屈原作品的一些问题
- 081 · 第五章　屈原作品的思想内容和艺术成就

- 117 · 附录一　秦孝公元年至六国灭亡一百四十年间大事表
- 145 · 附录二　楚辞女性中心说
- 161 · 附录三　《楚辞》注本十种提要
- 193 · 附录四　屈原年谱

第一章 导言

我们祖国的文化，在世界上占着一个光荣的席位。以文学而论，远在公元前11世纪，就已经有了相当成熟的诗歌。到春秋战国时代，文学进入了一个光辉灿烂的时期。约在前340年至前277年之间，有位伟大的诗人，名叫屈原，像一颗巨星一样出现在当时的文坛和政治舞台上。两千多年来，每逢端午节那天，我国人民都要纪念他。倘若翻开文学史，头一个出现的著名作家，也就是他。1953年，屈原更被列为世界文化名人，为世界人民所纪念。所以，我们应该为祖国有这样一位伟大的诗人而感到骄傲。

但是在过去，屈原这位伟大的爱国诗人却曾遭到一些人的贬抑，他的作品更往往被人曲解；虽然前人对屈原的研究也曾作出不少的成绩，但在旧社会中，他的真正价值却始终不能被人充分认识。新中国成立后，学界对屈原的研究进入了一个新的阶段，他的作品成了我们全体人民的宝贵财富。但是，屈原离开我们已经两千多年，许多史料已经湮没，同时，屈原的作品具有极其丰富而复杂的内容，这些都是研究工作中实际存在的困难。所以我们对屈原的研究还必须更深入地开展,以求得更正确、更深刻的认识。

屈原是一个热爱祖国、同情人民的诗人。他曾经一心一意想使楚国富强起来,达到统一整个中国的愿望。所以他要求楚王把古代那些最著名的圣君贤王作为榜样,在实际的政治中修明法度,举贤授能,贯彻法治精神。例如他在《九章·惜往日》一篇中说:

奉先功以照下兮,明法度之嫌疑。

又说:

乘骐骥而驰骋兮,无辔衔而自载。
乘泛泭①以下流兮,无舟楫而自备。
背法度而心治兮,辟与此其无异。

在他看来,治国需要严正的法令,正如驱马需辔衔,渡水需舟楫。所以他坚决反对让贵族们为所欲为的"心治"。春秋中叶以后,土地所有权逐渐下移,从奴隶主贵族手里转移到新兴的地主阶级手里;到战国时代,土地自由买卖,

---

① 泛泭:木筏之类。

更是常事。这样,确认新的财产形式为合法,否定贵族的传统特权,就成为社会发展的要求。所以我们说,屈原反对贵族特权的政治主张,是符合当时历史发展趋势的,因而也是进步的。但是反动贵族不会甘心放弃他们的特权,所以千方百计排挤屈原,这里存在着反动势力同进步主张的激烈斗争。

除了国内的矛盾之外,楚国当时还受到强大的秦国的日益加深的威胁。在对强秦的态度上,屈原和贵族投降派也处于针锋相对的状态。他的具体主张是联齐抗秦,反对媚敌苟安。这主张已由历史的事实证明了它的正确性。违反了它,楚国就必然陷于危亡。屈原曾为了这一正确的主张坚持斗争,毫不顾及自身安危,他说:"岂余身之惮殃兮,恐皇舆①之败绩。"(《离骚》)这是多么光明崇高的表白。在完全绝望了的时候,他又悲痛地写道:"既莫足与为美政兮,吾将从彭咸之所居!"(《离骚》)这就是说:你们不听我的话,楚国前途是非常危险的。我不能坐视亡国之祸到来,宁愿跟着先贤彭咸投水死去。这又是何等慷慨壮烈的决心!

屈原在内外的政策上,最后都遭到失败。这失败并不是偶然的,因为他虽是楚王同姓之亲,但当时他的政敌,

---

① 皇舆:国君所乘坐的车,比喻楚国。

如令尹①子兰是楚怀王的爱子，郑袖是楚怀王的宠妃，都是楚王自己的亲属。在那个时代，国君的权力，不消说是高于一切的，屈原如果要在政治上取得胜利，首先必须争取楚王。但屈原当然是争不过子兰、郑袖这些人的，何况他断不肯像那班小人那样做出卑鄙无耻的事来。所以在这种情况下，屈原只有两条路，那就是：或者放弃自己的主张，向贵族投降派投降；或者坚强不屈，等待失败命运的到来。屈原终于选择了后者。他虽然在对外对内的各种主张上斗争失败，却不屈不挠地把正确的、进步的理想坚持到底，从来也不反悔，不变节。他说："亦余心之所善兮，虽九死其犹未悔！"又说："虽体解②吾犹未变兮，岂余心之可惩？"（均见《离骚》）他相信自己的政治主张是正确的，对国家是有利的，所以绝对不肯妥协，不肯放弃，这正表现了一个爱国的政治家崇高的品质，值得我们尊敬。屈原有时虽然也考虑到离开楚国的问题，如《离骚》中所想象的，但这不过是一种暂时的矛盾心理的反映；事实上他是不肯离开楚国的，所以在《离骚》中，想象漫游太空而说到"临睨旧乡"的时候，连仆夫和马都悲哀怀念，再也不肯走了。

---

① 令尹：春秋战国时楚国最高官职，执掌军政大权。
② 体解：分解人的肢体，古代酷刑之一。

春秋战国时代，北方诸国把南方的楚国称为"荆蛮"，这是含有歧视的意思的，所谓"戎狄是膺，荆舒是惩"[①]，也就是这种思想的表现。而楚国在经济、政治、文化和语言上也确有相对独立的发展，这些情况都促成了楚国人民有比较强烈的国家观念和乡土感情。屈原作品中强烈的爱国主义精神，正是集中表现了楚国人民的思想感情。试看楚亡之后，不过十余年，首先起义反秦的就是楚国农民；而且义旗一举，四方响应，很快就推翻了暴秦的统治。"楚虽三户，亡秦必楚"的民谣果然应验。这固然首先是广大人民不堪暴秦的阶级压迫，革命情绪高涨之所致；但和楚国人民比较强烈的国家观念和乡土感情也有一定的关系。而屈原作品的爱国主义思想是那样强烈，当它在民间流传的过程中，就不可能不发生深刻的影响。反过来说，屈原作品之所以会流传下来，首先也就是因为楚国人民对他的敬爱与同情。这些作品流传在人民的口头和心里，所以虽经秦代的摧残与长期的战乱，到了汉代也仍旧保留着不少完整的诗篇。

[①] 见《诗经·鲁颂·閟宫》。

屈原的作品,后世称为《楚辞》①,它是这位伟大的爱国诗人一生斗争的实录,心血的结晶,在我国文学史上有着很高的地位。《楚辞》和比它更早的《诗经》形成了后人常常称道的"风""骚"传统,是后世许多进步诗人学习的榜样。在今天,我们应该批判地继承它,从中吸取宝贵的营养,来为社会主义的文学创作事业服务。

---

① "楚辞"的名称,西汉初期已有之,至刘向乃编辑成集。《楚辞》原收战国楚人屈原、宋玉及汉代淮南小山、东方朔、王褒、刘向等人辞赋共十六篇。后王逸增入己作《九思》,成十七篇。全书以屈原作品为主,其余各篇也是承袭屈赋的形式。以其运用楚地的文学样式、方言声韵和风土物产等,具有浓厚的地方色彩,故名《楚辞》。

第二章 战国的形势和楚国的内政与外交

我国的历史从周威烈王二十三年时起,到秦始皇灭六国为止,前后将近二百年(前403—前221),号称战国时代。那时候强大的诸侯有齐、楚、燕、赵、韩、魏、秦七国,它们互相攻伐,战乱频仍,社会动荡不安。屈原所处的时代就是战国后期诸侯各国之间斗争最激烈的时代。

但是应当指出,战国时代七个强国,比较起来,力量的大小是很有差别的。在较早的时候,北方诸侯以齐、秦为最强,魏次之,韩、赵稍弱。南方只有楚国是唯一的强国。但赵自成侯以来,始则屡败于魏,继则屡败于秦。而魏自惠王以来,东败于齐,西丧地于秦七百里,南又败于楚。韩自立国以来,自始即为魏、秦两国所侵败,日渐削弱,不能与其他诸侯争雄。燕则始终因僻处于北方,与其他诸侯的关系较少,中间又经过内乱,为齐所攻伐;直至三十年后,昭王才与秦、楚一起伐齐,恢复了国土。但昭王死后,整个国势也是一天天走下坡路。所以,到战国后期,实际上只有秦、齐、楚三国势均力敌,不相上下。但楚自怀王十七年(前312)后,屡次为秦所击败,国势一天天衰落下来；只有齐尚能保持原有地位，同秦对抗，而到齐湣王末年，似乎也不是秦国的敌手了。于是诸侯之中唯秦最强，大有吞并各国之势。因此在较早的时候，诸侯各国就有一种联合抗秦的政策，称为"合从（纵）"。而秦则用分化政策，拆散它们的联合，然后又加之以武力，远交近攻，各个击破，称为"连衡（横）"。这"纵""横"两大势力的消长，便是决定秦与六国间胜败的一个重要因素。

秦孝公任用商鞅，变法图强，一面努力增加生产，一面激发人民的战斗情绪，十年之后，国富兵强。依照预定计划，首先用全力攻魏。魏屡遭惨败，失地不少，被迫迁都大梁①，自此以后，国势大衰。到秦惠王时，与魏或和或战，黄河西岸之地尽为秦所占领，对魏军事行动暂时告一段落。计自秦孝公八年至秦惠王十年（前354—前328），前后不到三十年，是秦国并吞六国的第一个阶段。

从此以后，秦国的军事计划又分为两个步骤来进行：前半期加紧进攻韩、魏，以次及于赵；后半期则用全力攻楚。攻楚之前，一面用政治手段拆散齐楚的联合，使楚处于劣势；一面又把蜀灭掉，控制长江的上游来威胁楚国。于是诸侯无不恐惧，以至有两次大联合：一次是在秦惠王

---

① 大梁：后称汴梁，位于今河南开封市西北。

后元七年（前318），以楚国为领导的六国联合攻秦；一次是在秦昭王十一年（前296），以齐国为首的联合攻秦。但由于各国间矛盾太深，联合不能巩固，最终被秦国打败了。计自秦惠王后元元年至秦昭王八年（前324—前299），也不到三十年，是秦国并吞六国的第二个阶段。

从此以后，韩、魏、楚都先后对秦屈服了。秦的军事和外交配合在一起，或取或予，或和或战，一面彻底击败三晋（韩、赵、魏），打了几次大胜仗，使得它们一蹶不振；一面加紧对楚进攻，攻占了楚国西南部的巫郡和黔中郡，攻破了楚国的郢都，逼得楚顷襄王不得不迁都于陈以避其锋。这时韩、赵、魏事实上已经投降，做了秦国的臣仆，周王也把所有的城邑和作为传国宝器的九鼎都献出来了，只剩下穷蹙不振的楚和相隔稍远的燕、齐各自孤立，坐待灭亡而已。秦国统一中国的形势无疑是早已形成了。虽然这期间诸侯各国有过几次小规模的联合，但都不能够挽回失败的局面。计自秦昭王十二年至五十六年（前295—前251），前后四十余年，是秦国并吞六国的第三个阶段。

这就是战国时代形势的轮廓。下面再来谈一谈楚国本身的情况。

楚国的建立远在西周初年，当时南方的开发虽然落后于北方，但由于楚国人民的努力和江汉之间优越的地理条件,所以在经济上、文化上很快发展起来,成为南方的一个强大国家。到春秋中叶楚庄王统治时期,更达到了空前的强盛,继齐桓、晋文而为诸侯的霸主。由春秋进入战国,中原各国正是多事之秋,而楚则一方面在列国事务中起着重大的作用和影响,另一方面仍保持着相对独立的发展。战国初期,楚悼王用吴起为相,"明法审令,捐不急之官,废公族疏远者,以抚养战斗之士。要在强兵,破驰说之言从横者。于是南平百越,北并陈蔡,却三晋,西伐秦。"[1] 吴起的政策主要在于抑制公族的特权,加强法治,富国强兵。这一套法家的主张很符合当时的历史趋势,所以能使楚国很快地变得更为富强。假如当时楚国能像后来秦国任用商鞅那样来贯彻吴起的主张,那么由楚国来统一全中国的确很有可能。但是楚国的贵族反动势力太强,所以在楚悼王死后吴起即被谋杀,自然也废弃了他的主张。这一次改革的失败,实际上对此后楚国的命运有重大的关系。怀王[2]时,楚国虽然还很强大,但实际上在政治、经济、军事各方面已经落后于由新兴地主占统治地位的秦国。在怀王统治的初期,也曾有过图强的要求,他任用屈原,修明法令,

---

[1] 见《史记·孙子吴起列传》。

[2] 文中均指楚怀王。

联齐抗秦,一度为六国从约长。这种情况并没有维持很久,因为楚国存在着根深蒂固的公族势力,以屈原为代表的进步政治路线很快就失败了。贵族反动势力既取得了胜利,楚国的政治也被他们引向极端腐败黑暗的境地。关于这种情况,屈原的作品揭露得最为清楚,我们在以后还要作具体的叙述。在这里,可以引秦国的将军白起自述他所以能打破楚国郢都的一段议论来说明:

> 是时楚王恃其国大,不恤其政,而群臣相妒以功,谄谀用事,良臣斥疏,百姓心离,城池不修,既无良臣,又无守备;故起所以得引兵深入,多倍①城邑,发梁焚舟,以专民心,掠于郊野,以足军食。当此之时,秦中士卒,以军中为家,将帅为父母,不约而亲,不谋而信,一心同功,死不旋踵。楚人自战其地,咸顾其家,各有散心,莫有斗志。是以能有功也。②

这段话相当清楚地指出楚国当时政治上和军事上的黑暗腐败。这种政治和军事情况反映在外交上就必然是软弱

---

① 倍,通"掊(póu)",聚敛搜括、挖掘。
② 《战国策》卷三十三《中山策》。

妥协，错误百出。以下我们就来谈谈这个问题。

据宋代出土的一块秦石刻《诅楚文》说，自从秦穆公和楚成王以来，秦楚就是姻亲之国，彼此遵守盟誓，和睦了十七八代之久，到秦惠王、楚怀王时才开始破裂。在《诅楚文》中，把破坏盟约的责任推给楚国，这只是片面之词，不可全信。远的不必说，秦孝公就有攻楚之事。那是楚宣王时，秦已强大，就首先破坏盟约。秦惠王用张仪为相，国势愈强，楚国大受威胁，所以怀王要组织"合纵"的战线，领导诸侯攻秦。

但是怀王所领导的诸侯联军失败了，本来并不坚固的联合组织很快就瓦解了。不久以后，齐国攻打赵、魏，秦遂乘机攻赵、攻韩，与齐争霸。那时魏已削弱，北方诸侯能够同秦对抗的只有齐国，南方只有楚国，而齐、楚两国还是联盟国，秦惠王有点害怕，就派张仪带了很多的财宝到楚国来送礼，又暗中勾结怀王左右一班腐败的旧贵族，破坏齐楚联盟。张仪当时向怀王建议道："我们秦王最痛恨的是齐国，但齐与楚是联盟的友邦，如果你们肯同齐国绝交，秦王愿意把商於一带六百里地方作为报酬呢。"怀王利令智昏，就马上宣布同齐绝交，然后派人到秦国去受地。张仪假装在车上跌下来受伤了，三个月不见楚使。怀王说："大概是秦王怪我没有诚意同齐国绝交罢。"立刻派一个勇士去齐痛骂了齐王一顿。然后张仪才出来,指着地图对楚使道:"从这儿到这儿,一共六里地,送给你们。"楚使大惊道:"不是六百里吗?"张仪故意装出一股神气道:"楚王听错了罢?哪里是六百里呢?"这一场骗局真是滑稽透了。怀王又气又恨,两次出兵攻秦,但连打两次大败仗,不但损兵折将,而且失去了汉中。齐既不肯救楚,韩、魏又来相攻,当时情势异常危急,怀王弄得狼狈不堪。这是楚国外交的一个大错误。

秦国的外交和军事是密切配合的。它既两次大败楚军,深恐怀王由愤恨而悔悟,再同齐国联合起来。(事实上两国邦交由于屈原使齐的结果已经恢复了。)于是又表示愿意退还汉中的一半来同楚国讲和。这时怀王恨张仪到极点,声言不愿得地,愿得张仪而甘心。张仪看透了楚国贵族当权派的腐朽无能,竟自告奋勇又到了楚国,贿赂怀王近臣靳尚,又用诡辩打动了怀王的宠妃郑袖。结果怀王不但不杀他,反而优礼有加,又听信他的巧辩重新同秦国亲善起来。这时楚国的外交政策是两面的、骑墙的,一面同齐复交,一面又同秦友好,约为姻亲。怀王以为这样可以缓和秦国的压迫,而不知秦国正可利用怀王这种动摇的态度,使齐国不敢相信他。这当然又是楚国外交的错误。

那时候楚国虽然采用两面的外交政策,但实际上是倾向于对秦国妥协。这主要因为楚国贵族当权派的腐败和软弱。他们有种种考虑：第一，害怕秦国的强大。自从怀王连吃了两次大败仗之后，楚国君臣上下患上了"恐秦病"。他们认为如果与秦敌对，马上会招来大祸。第二，秦、楚两国疆界相连，而且就地理形势上看，秦居高临下，易攻易守，如从汉水上游顺流而下，可以很快地打到楚国的心脏郢都。相反，楚要攻秦那是非常困难的。第三，齐虽是大国，但相隔很远，其与楚接境处远在离郢都千里以外的边疆。比较接近的地方，中间又隔了韩、赵、魏三国；而三国又先后为秦所征服，一旦有事，彼此军队的通过都成问题。这种种考虑自然也有些是基于客观事实，但归根到底却反映了贵族投降派的失败主义思想本质。所以到后来，怀王索性背齐联秦，正式和秦国结为姻亲。可是"虎狼之秦"是绝不讲什么诚意的，只要有机可乘，有口可借，绝不会讲什么交情。例如怀王二十八年（前301），就因楚太子由于私斗杀了秦大夫逃回楚国一事，联合齐、韩、魏攻楚，杀楚将唐昧；二十九年，秦又攻楚，杀楚将景缺。楚既连续受到重大损失，外交上又陷于孤立状态，才令太子入齐为质，重修旧好，暂时回到联齐的路线上去。次年，秦又伐楚，占领八城。最后又骗怀王到秦国会盟，楚国贵族集团怕失去秦国的欢心，力劝怀王前去赴约，结果怀王竟被秦国绑架到咸阳，要求割地。怀王不答应，就被扣留不放，三年后竟死在秦国。

怀王入秦不返，顷襄王继位，不肯割地。秦又大举进攻，楚军惨败，失去了十六个城，彼此邦交断绝。到顷襄王六年（前293），秦既大破韩，写一封恐吓信给顷襄王，要求决战。顷襄王禁不起威胁，又与秦讲和，两国正式复交。从此以后，楚国被秦紧紧抓住，不敢动弹，稍稍不如秦意，就要吃到大亏。直到白起破郢，顷襄王奔陈，几乎没有一天安宁。

从这一连串的事实看来，楚国不能坚持联齐抗秦的政策，而一味地妥协投降，希图苟安一时，正是它在外交上最根本的错误，这一错误，归根到底是楚国旧贵族的腐朽无能所造成的。

秦自孝公用商鞅变法以后一百余年，依靠新兴地主阶级的力量，经营它的"帝王之业"，是有计划、有步骤的。而且计划非常周密，步骤丝毫不乱，其攻守和战、取舍先后之间，都不是随随便便的。它一经决定，就都用全力贯彻到底。而诸侯各国，包括楚国在内，新兴地主阶级始终受旧贵族压抑，不能在政治上得势。腐败的旧贵族统治下的六国，自然不能有对抗秦国的力量；何况他们相互之间又是矛盾重重，联合不能巩固，终于使秦国得以乘间伺隙，运用其连横政策而得到成功。

通过以上的叙述,我们可以看到,屈原是处在一个矛盾斗争复杂尖锐的时代。在这个时代中,屈原是一个重要的政治家,他的作品也充分反映着现实,因此,了解这个时代的一些基本事实以及某些斗争的细节,对了解屈原和他的作品,是非常必要的。

第三章 屈原的生平

第一节　诗人的降生

据司马迁的《史记·屈原贾生列传》说："屈原者，名平。"这告诉我们，屈原本名屈平，"原"是他的字。但自汉代以下，大家就用熟了屈原这个名字，他的本名反而不显了。说起来，屈原的名和字还有一段来历，这要从他的生辰说起。

屈原的生年，据近代许多人研究的结果，大概不出于楚宣王二十七年到三十年（约前343—前340）之间。根据屈原自述，他降生那年，太岁正当寅位。事情真凑巧，他的生辰又是寅月寅日。照中国历法的老话说，"人生于寅"，所以夏历便以建寅之月（即正月）为岁首。屈原既然是寅年寅月寅日出生，真正符合于"人"的生辰，他自己就觉得与众不同。所以在他的著名作品《离骚》中开头一段就提到这回事：

摄提贞于孟陬兮，惟庚寅吾以降。

这就是说，当着太岁逢寅的那年正月（孟陬），又是庚寅的日子，我从母体降生了。研究者考据屈原的生年，主要也就是靠这两句话。① 同时《离骚》中又说，他的父亲看见他出生的年月日都符合"人生于寅"的观念，便给他起名叫"平"，还给他取个字，叫作"原"，同他的出生年月日配合起来。这是什么意思呢？照字面上讲，"平"是平

---

① 根据《离骚》"摄提贞于孟陬兮，惟庚寅吾以降"二句来考定屈原的出生年月日的，有很多不同的说法。我所知道的有下面几种：（一）邹汉勋用殷历推算，定为楚宣王二十七年戊寅（前343）正月二十一日。（见《敩艺斋文存》卷一《屈子生卒年月日考》）（二）陈玚用周历推算，定为戊寅正月二十二日。（见黎阳端木氏巾箱本《楚辞》附录《屈子生卒年月考》）（三）刘师培用夏历推算，其结果与邹汉勋完全相同。（见《古历管窥》）（四）郭沫若先生用太岁超辰法推算，定为楚宣王三十年（前340）正月初七日。（见《屈原研究》）（五）浦江清先生根据实际推算的结果，定为楚威王元年（前339）正月十四日。（见《浦江清文录》中《屈原生年月日的推算问题》）

此外尚有林庚先生把屈原的出生年月日定为楚威王五年（前335）正月初七日，因为那年正月初七日恰恰是庚寅。但那年却不是寅年，因此他不用王逸旧注而用朱熹《楚辞集注》之说，以"摄提"为星名。（见《诗人屈原及其作品研究》）还有曹耀湘把屈原的生年定为楚宣王十五年丙寅（前355）（见《读骚论世》卷一《屈子编年》），但那年的正月无庚寅，不可从。

正的意思，平正就是天的象征；"原"是又宽又平的地形，就是地的象征。① 这么一来，屈原的名、字和生辰就包含了天、地、人三者统一的意义。当然这是表现了古代人的思想意识；在今天看来，屈原的生辰，年月日都碰着"寅"，不过是偶然的巧合，并没有什么特殊意义。

不过屈原的父亲给屈原起名字这件事，《离骚》里头是这样写的：

> 皇览揆余初度兮②，肇锡余以嘉名③：
> 名余曰正则兮，字余曰灵均。

那么这"正则""灵均"又是怎么回事呢？据王逸《楚辞章句》解释说："正，平也；则，法也；灵，神也；均，调也。言正平可法则者，莫过于天；养物均调者，莫神于地。高平曰原，故父伯庸名我为平以法天，字我为原以法地。"他的意思是"正则""灵均"与"平""原"二字有相关的意义，而并不认为真的有"正则""灵均"这样的名字。这个见解是正确的，所以后来大多数注家都用他的说

---

① 《尔雅·释地》："广平曰原。"
② 览：观。揆：揆度。初度：初生之时。
③ 肇：始。锡：赐。嘉名：美名。

法。但是也有人提出怀疑，例如明人陈第认为屈原不会有"置覆设谜，使人射猜"的道理，所以他认为"正则""灵均""皆少时之名"（见《屈宋古音义》）。其实屈原在这个地方正是要"置覆设谜"，来让人射覆。因为《离骚》多用比兴、隐喻的手法，这个地方如果直说"名余曰平兮，字余曰原"，不但嫌其直率，而且词句也不调谐。所以王船山说："隐其名而取其义，以属辞赋体然也。"（《楚辞通释》）战国时像庄子的作品，造作名号，而暗中别有寓意者极多；"正则""灵均"正是这一类的隐语或化名。所以可以肯定地说，它们并非屈原的名字。

屈原本是楚国的贵族。《史记·屈原贾生列传》说他是"楚之同姓"，他和楚王的关系是比较密切的。就亲属关系上说，屈原虽然实际上已同楚王比较疏远，但他对于楚国也当然与一般的士大夫不同。

楚国的祖先据说是出自古帝颛顼氏，所以《离骚》自叙其家世时，一开头就说"帝高阳之苗裔"，高阳就是颛顼兴起的地方。相传：颛顼高阳氏有一支六代孙，一个名季连的，姓芈，楚人就是他的后代。到周文王时，季连的后裔有名鬻熊的，他的曾孙熊绎，当周成王时，因为祖上有功，受封于楚，分得一部分土地，居丹阳，在今湖北秭归西北。这样看来，楚人本姓芈，而鬻熊之后又以熊为姓。芈是羊叫的声音,以"芈"和"熊"为姓,似乎是游牧生活的标志。但楚国既然是姓芈或姓熊,屈原与楚国同姓,何以又姓屈呢?这一件小事也得交代一下:原来春秋初期,楚武王熊通的儿子瑕,受封于屈而为卿,因此他就把"屈"为氏。春秋时代的人们有了姓,同时也不妨有氏,因为姓是全族共同的称号,而氏则是某一支派的称号,所以往往有同出一姓而氏号纷歧的。楚武王的儿子瑕封于屈,以受封的地名为氏,这在春秋以前是常有的事。所以屈原本是姓芈或姓熊,而又以屈为氏,就是这个原因。后来社会起了变化,姓氏不分,我们就把屈原的氏作为他的本姓也未尝不可。

屈氏既是楚国王族之一,所以屈氏的子孙如屈重、屈完、屈建、屈丏等在楚国多任要职,不但姓屈的如此,就是其他王族如姓景、姓昭的人也是如此。屈、景、昭,在楚国当时是为王族三大姓。屈原在楚怀王时做过三闾大夫。据说,三闾之职就是掌管王族三姓的事。屈原领导他同族中的优秀人才,努力替国家办事,他的地位很高,责任也是很重的。

关于屈原父亲的名字,据《离骚》上说:"朕^①皇考^②曰伯庸。"伯庸在楚国做过什么官职,现在不知道,要不是屈

---

① 朕:我,我的。
② 皇考:先父。

原自己说出来,恐怕连伯庸这名字也是无从知道的。有些注《楚辞》的人还说"皇考"是大夫祖庙的名称,就是始祖的意思,并不是指父亲。照这样解释的话,屈原的父亲究竟是谁,也不可考了。但照《离骚》的文义看来,这种说法恐怕是不正确的。

屈原的亲属还有没有可考的呢?《离骚》中有一个"女嬃","嬃"为楚国妇女的通称,本是一个假设的人物。王逸解为屈原的姊姊,是由于不了解屈原的文例常常把自己比作女子,因得罪丈夫(指楚王)而见弃,所以才设想一个类似师傅保姆之类的老妇来责备他,劝他不要太刚直,随和一点好了。硬指"女嬃"为屈原的姊姊,是没有什么根据的。还有《襄阳风俗记》载着这样一个故事:

> 屈原五月五日投汨罗江,其妻每投食于水以祭之。原通梦告妻,所祭食皆为蛟龙所夺,龙畏五色丝及竹。故妻以竹[1]为粽,以五色丝缠之。[2]

我想,屈原有妻是不成问题的,但这个故事大概从《续

---

[1] 竹:指竹叶。

[2] 见《太平寰宇记》卷一四五引。

齐谐记》中的一个传说讹变而来,是不可靠的。

因此,屈原的家属除他的父亲以外,别无可考。

屈原是哪里的人呢?他的家乡在现今哪一个地方呢?现在湖北省西部有个秭归县,秦汉时属南郡,即清代的归州。据《水经注》引袁山松说,屈原是此县人。他在流放途中忽然回家一趟。他的姊姊听说了,也归来看他,因此这地方后来就名为"秭归"。"秭"或写作"姊",本是同音的字,可以通用。又按《水经注》"江水"注载有两句话:"江水又东,径①归乡县故城北。"下面也引袁山松:"父老传言,原既流放,忽然暂归。乡人喜悦,因名曰归乡。"但据更可靠的说法,秭归或归乡的得名,绝不是由于屈原的姊姊或者他自己回到家中一趟。因为秭归本是古代的夔国,"夔"与"归"声音相近,后来夔国就转变为归国。秭归的"归"或者归乡的"归"都是"夔"字的转音,并没有别的故事性因素在内。但虽然如此,屈原的故乡是在秭归大概是没有疑问的。因为秭归本是楚国最初建国的地方,楚国的先公先王和一切姓芈的公族都可以算是秭归人。这样看来,现今湖北省的秭归县就是屈原的老家。

秭归一带有很多关于屈原的古迹,顺便介绍几个在下面:

---

① 经。

（一）庾仲雍《荆州记》："秭归县有屈原宅、伍胥庙，捣衣石犹存。"①

（二）袁崧（即袁山松）《宜都山川记》："秭归，盖楚子熊绎之始国，而屈原之乡里也。原田宅于今具存。"②

（三）《荆州记》："（秭归）县北一百里，有屈平故宅，方七顷，累石为屋基。今其地名乐平。宅东北六十里有女须庙。"③

（四）《水经注》卷三四"江水"注引袁山松说："（秭归）县东北数十里，有屈原旧田宅，虽畦堰縻漫，犹保'屈田'之称也。"

（五）杜甫《最能行》："若道士无英俊才，何得山有屈原宅？"

（六）《楚胜迹志》："归州三闾乡有玉米田，相传屈原耕此，产玉米，似玉。三闾乡一名归乡。"

以上那些关于屈原的古迹，虽然是传说，不见得可信，

---

① 见《艺文类聚·居处部》引，《太平御览·居处部》略同。
② 见《水经注》卷三四"江水"注引。
③ 见《后汉书》卷三二《郡国志》"秭归本国"下注引。

但也可以说明：深刻地留在人民心目中的这位爱国诗人的印象是永远不会磨灭的。

第二节　斗争和失败

屈原在《离骚》中说："纷吾既有此内美兮，又重之以修能。"所谓"内美"，大概是指美好的德性与崇高的品质；"修能"即是长才，指办事的能力而言。这两句话是一点也不夸大的，通过屈原本身的作品，我们就可以清楚地看到他是一个有理想、有远见、知识渊博而品节坚贞的人；此外，《史记·屈原贾生列传》也告诉我们，屈原曾"为怀王左徒，博闻强志，明于治乱，娴于辞令。入则与王图议国事，以出号令；出则接遇宾客，应对诸侯。王甚任之"。可见屈原在楚国的统治集团中确乎是一个杰出的人才。

屈原在怀王时做过左徒。左徒是什么官呢？据张守节《史记正义》的说法，似乎就等于唐代的左、右拾遗之类的官职。但这话不见得正确。因为左、右拾遗在唐代与补阙同为谏官，分属中书门下两省，职位很低，不过从八品。而左徒对内得图议国事、发布命令，对外接待宾客、应对诸侯等，那就负着国家重大的责任了。据《史记·楚世家》"考烈王以左徒为令尹，封以吴，号春申君"的记载来看，则左徒之职似乎仅次于地位最高的令尹，也许就是令尹的副职。再从另一方面来说，屈原的官职假如很低下，怀王周围的贵戚幸臣也就不必那么用尽一切卑劣的手段来排挤他了。

屈原任左徒时做了些什么事，详细情形现在已不知道，所知道的有两件大事：第一是制定宪令；第二是联齐抗秦，贯彻"合纵"政策。关于前者，历史上的记述极简单；关于后者，从怀王十一年（前318）为从约长及十六年以前齐楚联盟等事看来，就可以证明的。

屈原既与楚同姓，又有才干，所以起初怀王很信任他。据《史记·屈原贾生列传》的记载：有一次，怀王命他草拟法令，稿子还未写好，被一个素来妒忌他的同僚上官大夫看见了，就想夺过去看。这是一个尚未决定的国家机密，屈原如何肯给他看呢！上官大夫因此怀恨在心，就在怀王面前播弄是非，而且说每次法令公布出来，屈原总是夸口说，这些要不是他，谁也办不了的。怀王听信了上官大夫的话，就不相信屈原了。

但实际上，屈原的见疏，以及后来的被放逐，原因恐怕并不这样简单。我们试问：上官大夫何以竟会因一件小事就始终与他为难呢？再说除了上官大夫之外，何以整个贵族集团（《离骚》所谓的"党人"）都要和他作对呢？我想，这中间必有许多复杂的原因存在着，而主要的恐怕就是屈原和楚国的旧贵族立在对立位置的缘故。屈原为怀王草拟宪令，宪令就是国家的根本法令，我们是不是可以设想这些根本法令有损害旧贵族利益的地方？另外屈原又做过三闾大夫，掌督导王族同姓、管制贵族宗人之事。在这个职位上，假使屈原执法太严，是不是会开罪许多权贵？屈原在《九章·惜往日》一篇中曾有这样的一段追述：

> 惜往日之曾信兮，受命诏以昭时①。
> 奉先功以照下兮，明法度之嫌疑。
> 国富强而法立兮，属贞臣而日娭②。
> 秘密事之载心兮，虽过失犹弗治。
> 心纯厖而不泄兮③，遭谗人而嫉之。

这段文章证明《史记·屈原贾生列传》所载屈原草拟宪令一事的可信性，也证明楚国在当时由于法度修明而一度富强起来。怀王特别信任屈原，自然是因为他同姓而又"明于治乱"；而屈原也勇于任事，果于执法，把国家治理得

---

① "时"一作"诗"，但王逸注"君告屈原，明文典也"，则"时"应为"诗"之误。

② 属：委。娭（xī）：同"嬉"，玩耍，游戏。

③ 纯厖：敦厚谨慎。不泄：指不泄漏国家的机密。

秩序井然，蒸蒸日上。怀王既有屈原这样的"贞臣"可以信赖，自己便高枕无忧地日事娱乐了。可是旧贵族们却感到屈原的法治政策对他们不利，因而嫉恨他，暗害他。所以我想，上官大夫夺宪草，主要是想探听宪草的内容，了解哪些地方对贵族特权不利，以便设法破坏它。屈原为了保守国家机密，当然不能给他看。这样就使他们更加疑忌。于是反对屈原的旧贵族就结起党羽来拼命攻击他，随时对他放暗箭，必须把他去掉而后快。加以秦国的阴谋，怀王的昏聩，"正道直行"的屈原就非被去掉不可了。

屈原的遭遇，在楚国并非没有先例，我们在上一章中谈到的吴起，就因为他推行法治，摧抑贵族的特权，而使得"楚之贵戚尽欲害吴起"，所以在信用吴起的楚悼王死后，楚的宗室大臣就兴兵作乱，把吴起杀了。对于屈原来说，这是本国近代史，他没有不知道的，但他并不畏避，坚持斗争到底。从屈原与旧贵族的矛盾上看，我们有理由设想，上官夺稿应该是两种政治势力斗争中的一个环节，而不能仅仅解释为一种寻常的争宠害能或者无赖的掠美行为。屈原和旧贵族在内政上的斗争最终失败了，反动势力继续统治着楚国，所以这一失败可以说关系着整个楚国的命运。

屈原和旧贵族的斗争，也很尖锐地表现在外交上。他在外交上是坚决主张联齐抗秦的。刘向的《新序·节士篇》

有一段记载:"秦欲吞灭诸侯,并兼天下。屈原为楚东使于齐,以结强党。"怀王既然派他到齐国充任外交使节,这就说明屈原平素对列国形势有明确的认识,对外交有坚定的主张。如果联齐政策能够坚持下去,自然有利于楚而不利于秦的。秦国当然也看清楚了这一点,所以就非拆散它们的联合不可。这就充分表现在张仪行骗的事件上。当张仪劝怀王绝齐时,受了贿赂的楚国旧贵族都极力赞成,个个向怀王道喜。但稍有眼光的人都看出了这是阴谋,是骗局,比如陈轸就不但不道贺,反而用吊丧的态度来表示反对,他说:

> 秦之所为重王者,以王之有齐也。今地未可得,而齐交先绝,是楚孤也。……且先出地而后绝齐,则秦计不为;先绝齐而后责地,则必见欺于张仪。见欺于张仪,则王必怨之;怨之,是西起秦患,北绝齐交。西起秦患,北绝齐交,则两国之兵必至。臣故吊![1]

楚国绝齐的失策是很显然的。怀王贪图近利,缺乏远见,所以看不出秦国的阴谋,更看不清列国的形势。能够

---

[1] 《史记·楚世家》。

预料这事的后果的，当时除陈轸外，便是屈原。不过那时屈原没有说话，或因被谗见疏，不复在位，或者历史上偶然失载，都未可知。试看怀王吃亏之后，急欲与齐复交，而被派的负责专使就是屈原。这就更可以说明屈原的外交主张。何况《新序·节士篇》还明说："是时怀王悔不用屈原之策，以至于此，于是复用屈原。屈原使齐……"由此可见，张仪行骗时，屈原虽不在位，但还是反对过的。

秦国最怕齐楚复交，所以趁着交涉未定的时候，就自动对楚国提出讲和，愿意退还汉中的一半。怀王余恨未消，表示不要地，只要张仪的头。但当张仪真的到了楚国，怀王却听了宠妃郑袖的话把他放走了，并且又同秦国打起交道来。张仪走了，屈原恰从齐国回来，对怀王说："为什么不杀张仪呢？不杀张仪也罢了，反而听他的邪说，是千万不可的。"①怀王后悔，派人追张仪，已经来不及了。这件事又说明了三个问题：（一）怀王的糊涂和楚国内部的糟糕；（二）楚国的外交已为旧贵族"连横"派所控制；（三）屈原的"合纵"派势力虽稍弱，但在当时还有它的作用。所以这两面外交的局势竟维持了两三年，并且此后四五年中，

---

① 《史记·屈原贾生列传》："何不杀张仪？"《史记·张仪列传》："今纵弗忍杀之，又听其邪说，不可。"

由于齐宣王的争取，屈原、昭雎等的赞助，楚国一度放弃了亲秦政策。但到怀王二十四年（前305），旧贵族"连横"派再得势，楚国的外交又转向了。这时屈原竭力反对，不但无效，反被放逐。（屈原初次被放逐在此时。）从此六七年，楚国一直在执行亲秦政策。怀王入秦之前，屈原、昭雎都说："秦国简直是虎狼，不能相信的，还是不去的好！"①但有了恐秦病的怀王却听信了幼子子兰的怂恿，最终入秦而不返。采取了这样软弱的外交，举棋不定，难怪会搞到兵挫地削、身辱国危的地步，这也是对强敌一味地委曲求全的必然结果。

怀王放逐屈原是表明"合纵"派彻底失败。中间虽把他召回，但早已不再信任。到楚顷襄王时，屈原再被放逐，最终自杀，结束了几十年的政治生活，写下了几十年的政治斗争史。他在《离骚》的"乱"辞（辞赋结尾的歌曲）的最后两句中表明他所以要自杀，是因为没有人用他的"美政"。"美政"不外是内政外交两项。内政方面，大概是举贤授能，修明法度；单就外交来说，自从齐楚联合，怀王十六年（前313）以前，秦国不敢加兵，"合纵"抗秦的效

---

① 《史记·屈原贾生列传》："屈平曰：'秦，虎狼之国，不可信，不如毋行。'"《史记·楚世家》："昭雎曰：'王毋行，而发兵自守耳。秦虎狼，不可信，有并诸侯之心。'"

果极为显著。后来张仪的诡计得逞，齐楚绝交，形势一变，楚国就首先遭了殃。所以屈原在《离骚》中很有感慨地说：

初既与余成言①兮，后悔遁而有他。
余既不难夫离别兮，伤灵修之数化②。

这明明是痛心怀王为亲秦的"邪说"所惑，再三改变正确的政策；同时又反映了他被放逐在外（"离别"）是斗争失败的结果。我想，张仪要破坏"合纵"，必须勾结楚国旧贵族，离间屈原与怀王的关系，并进一步排挤他、斥逐他。所以《离骚》中说："众女嫉余之蛾眉兮，谣诼谓余以善淫。""民好恶其不同兮？惟此党人其独异！"《九章·抽思》中也说："人之心不与吾心同。"就是这种情况的反映。

屈原同旧贵族集团作斗争，有着长期的过程，而这个斗争，双方都以争取楚王为主要手段。他虽然最后失败了，却从来也不反悔、不动摇。他说："欲变节以从俗兮，愧易初而屈志。"（《九章·思美人》）又说："吾不能变心而从俗兮，固将愁苦而终穷。"（《九章·涉江》）又说："宁溘死（促死）

---

① 成言：约定的意思。
② 灵修：指怀王。数化：三翻四覆。

以流亡兮，余不忍为此态也！"甚至说："亦余心之所善兮，虽九死其犹未悔！"又说："虽体解吾犹未变兮，岂余心之可惩？"（以上《离骚》）由于他相信自己所主张的政策是正确的，所以坚持到底，决不妥协。这种坚强不屈的精神和气节，为了进步理想而坚决斗争的态度，是值得我们尊敬和纪念的。

第三节　放逐和自沉

屈原是政治斗士，在政治斗争中失败的结果，便是放逐之后，继以自杀。

关于屈原的放逐，由于史料较少，大家的看法是颇不一致的。我认为屈原被放逐，前后有两次：第一次在怀王时，第二次在顷襄王时。第一次放逐，不过四五年即被赦召回；第二次放逐，便一去不返，永别故都而葬身于汨罗江中了。以下便根据史籍及屈原的作品来说一说这个问题。

《史记·屈原贾生列传》在屈原被谗见疏之后说"屈平既绌"，又说"虽放流，眷顾楚国，系心怀王，不忘欲反"，这就是指怀王朝第一次放逐之事。同时传中又称顷襄王继立，以其弟子兰为令尹。屈原恨他劝怀王入秦而不返，子兰知道了，就"使上官大夫短屈原于顷襄王"，顷襄王就"怒而迁之"，其下即接叙"屈原至于江滨"云云。这就是顷襄王朝第二次放逐之事。由于传文叙事的次序不够清楚，后人便生出许多疑问。但是屈原的两次放逐，除了《史记》本传所记外，在刘向的《新序·节士篇》中还有更清楚的记载，其中有些话我们前面已经引述过，现在再把这段话的全文摘引在下面：

（屈原）有博通之知，清洁之行，怀王用之。秦欲吞灭诸侯，并兼天下。屈原为楚东使于齐，以结强党。秦国患之，使张仪之楚，货①楚贵臣上官大夫靳尚之属，上及令尹子兰、司马子椒，内赂夫人郑袖，共谮屈原。屈原遂放于外，乃作《离骚》。张仪因使楚绝齐，许谢地六百里。……楚既绝齐，而秦欺以六里。怀王大怒，举兵伐秦，大战者数，秦兵大败楚师，斩首数万级。……是时怀王悔不用屈原之策，以至于此，于是复用屈原。屈原使齐……后秦嫁女于楚，与怀王欢，为蓝田之会。屈原以为秦不可信，愿勿会。群臣皆以为可会，怀王遂会，果见囚拘，客死于秦，为天下笑。怀王子顷襄王，亦知群臣诒误怀王，不察其罪，反听群谗之口，复放屈原。……遂自投湘水汨罗之中而死。

---

① 行贿。

这段话在记事上虽与《史记》稍有出入，但它记载屈原两次被放是很清楚的，也是与《史记》基本上一致的。不过，这些材料在记述两次放逐的事件上，还有不完全清楚、准确的地方，所以我们对屈原两次被放的时间、地点还要作一点具体的解释。

屈原第一次放逐是在什么时候呢？我的答案是在楚怀王二十四五年间（前305—前304）。按《史记》本传，起初叙他为怀王左徒，甚见信任，以后又叙他自齐国出使回来，怪怀王不该放走张仪。张仪的释放是在怀王十八年（前311），那么，在此以前，屈原当然没有被放逐的事了。虽然其间曾一度被谗见疏，只是不如从前那样言听计从罢了。但仍在朝任职，绝不至于放逐是可以断言的。因为他是个"宗臣"，又是一个"大臣"，在封建时代，他有特殊地位，以情理度之，绝不可能因上官大夫一句话就会加以严重的处罚的。即使张仪至楚行骗时，他极力反对绝齐，触犯了怀王和反对派之怒，充其量不过更见疏远罢了。所以本传在上官进谗之后，只说"王怒而疏屈平"；在张仪被放走之后，只说"是时屈平既疏，不复在位"，这些都是在此以前屈原未被放逐的明证。而且怀王十七年（前312），他还受命使齐，谈判复交。在此后六七年中，两国邦交始终不断。这又从事实上证明屈原此时还未被放逐。所以《新序·节士篇》记屈原初放在张仪欺楚之前,在记事上是不准确的。直到怀王二十四年(前305),"连横"派反攻胜利,怀王受秦厚赂,结成亲家,派人迎接新妇,齐交再绝。这是楚国外交上再一度的重大变化,屈原必然全力反对,这时才最有可能遭到放逐。因此,我们根据楚国外交政策的动向和纵横两派势力的消长来判断,屈原第一次放逐的时候大概不出怀王二十四五年(前305—前304)之间。

屈原第一次被放逐到什么地方去了呢?《九章·抽思》一篇有许多旅途愁苦的话,例如说:

> 愁叹苦神,灵遥思兮[1]。
> 路远处幽,又无行媒[2]兮。
> 道思作颂[3],聊以自救[4]兮。
> 忧心不遂,斯言[5]谁告兮?

很明显地,这是放逐在远方的口气,一种忧思无奈的

---

[1] 灵:灵魂。思:思念。
[2] 行媒:媒介。在这里指没有代为转诉苦衷的人。
[3] 道思:抒写感情。颂:指诗赋。
[4] 自救:自宽自解。
[5] 斯言:指所作赋颂。

情绪充分地表现了出来。而此篇的"倡"辞①又说:

有鸟自南兮,来集汉北;
好姱②佳丽兮,牉③独处此异域。

汉北,指汉水上游,在今湖北郧、襄一带,地居郢都(今湖北江陵县)之北。屈原的意思是说:有一只孤单的鸟儿从南方飞到汉水之北来了;一个漂亮的美人离开了她的家乡而孤零零地住在偏僻的异地。这鸟,这美人,都是屈原拿来自比的,都是他自己的影子。这无疑是屈原被放逐在汉北的证据。《九章·抽思》中又说:

惟郢路之辽远兮,魂一夕而九逝④。
曾不知路之曲直兮,南指月与列星。

又"乱"辞说:

---

① 辞赋中的插曲。
② 姱:美。
③ 牉:分离。
④ 逝:指梦魂返回郢都。

长濑^①湍流,溯江潭兮。

狂顾南行,聊以娱心兮。

这些很清楚地说明,屈原是从郢都放逐到了汉北。我们知道,汉水自郢西北向东南,流入大江,所以自郢都至汉北,必溯流而上。至于屈原再放之地如夏浦(今湖北省汉口地区)、沅湘(沅水和湘水的并称,亦代指湖南)等处,则或在郢东,或在郢南,不但与汉北远不相涉,而且南北亦背道而驰。故知屈原初放是在汉北,绝无疑问。

屈原第二次被放逐是在楚顷襄王时。据本传,他此次被放逐是得罪令尹子兰所致,不能确定在哪一年。但《九章·哀郢》一篇曾暗示白起破郢之事。白起破郢在顷襄王二十一年(前278),而下文又说:"至今九年而不复。"从顷襄王二十一年上推九年,是顷襄王十三年(前286)。怀王死在顷襄王三年(前296),屈原责备子兰不该劝王入秦,绝不待十年之后。这当然还有别的原因,现在史料不全,无从知道。如果再放是在顷襄王初年,则"九年"只是表示年数多的意思,在文义上也是说得通的。

屈原再放的地方在江南。那时江南地方很广,至少包

---

① 濑:水流石间所激成的急流。

括湖北南部及湖南北部一带。《九章·哀郢》中说："去故乡而就远兮，遵江夏以流亡。"以下他历述经过的地方有夏首、龙门、洞庭、夏浦、陵阳等处。夏浦即今汉口，陵阳现在不可考。① 看他所走的路线是从郢都顺流而下，一直到陵阳为止。中途虽然经过洞庭和大江交流处，但并未转向南走。后来经过很长的时间，才溯流而上，再过鄂渚（今武昌），入洞庭，溯沅水，至辰阳，复折而南，入于溆浦，② 暂时停留下来。不久复下沅入湖，渡湘水而达汨罗。——这些就是屈原再放时足迹所到的地方。

屈原自从走到湘西辰溆一带，深山穷谷，几乎与世隔绝。这时候他不能也不愿再走了，本想暂时停留下来，不料顷襄王二十二年（前277），秦兵大至，攻陷楚国巫郡，情势险恶，眼见就要做敌国的俘虏，即使他想留在那里也不可能了。因此不得已只有再下沅水，入洞庭湘水一带，最后走到长沙东北的汨罗江，投江自杀，与楚国的人民永别了。

屈原自沉汨罗的传说是可靠的，在文献上很早就有记载。例如汉初贾谊的《吊屈原赋》就说道："侧闻屈原兮，自沉汨罗。"稍后，庄忌的《哀时命》、东方朔的《七谏》

---

① 有人说即今安徽青阳县南六十里的陵阳，当大江之南，庐江之北。但屈原行踪未必至此。

② 辰阳、溆浦在今湖南沅陵一带。

都提及此事。而《楚辞》的《渔父》一篇还记有屈原答渔父的话道:"宁赴湘流,葬于江鱼之腹中。"《渔父》一篇虽然不是屈原自己作的,但《史记》本传已经转载,可见传说是很早的。据司马迁说,他就亲自到长沙参观过屈原自沉的地方,想必是可靠的。但我们倘若进一步追究这个传说的根源,那就是屈原的自述。例如《九章·惜往日》中说:

临沅湘之玄渊①兮,遂自忍而沉流。

又说:

不毕辞而赴渊兮,惜壅②君之不识。

由此可见传说是有根据的。此外在屈原许多作品中,如《离骚》《九章·抽思》《九章·怀沙》《九章·思美人》《九章·悲回风》等篇,多有暗示或明言死志已决,甚至死法已定的,都可以助证屈原投水自杀的传说相当可信,并

---

① 玄渊:深渊。
② 壅:蒙蔽。

不是汉朝人凭空捏造的。

至于相传屈原投汨罗江是在旧历五月初五日，此说最早见于南朝梁吴均的《续齐谐记》及宗懔的《荆楚岁时记》。是不是也可靠呢？这却非常难说。但《九章·怀沙》一篇是屈原临死时作的，其中所记的时令是夏历孟夏（《楚辞》记时用夏历）。夏历就是我国过去沿用的阴历，孟夏是四月，阴历四月距离五月五日是不远的。此篇一开头就说：

滔滔孟夏兮，草木莽莽。
伤怀永哀兮，汩徂①南土。

假使屈原是四月间到了长沙，五月初自沉于汨罗，那是极可能的，不过不能断定就是初五那一天罢了。如果说屈原五月五日投水的传说是有根据的话，那根据也许就在《九章·怀沙》所记的"孟夏"。但五月五日在我国古代本是一个重要的节日，这个节日的来历不得而知。起初它似乎与屈原的传说没有关系。与屈原同时的齐国宰相孟尝君田文就是五月五日出生的。当他出生时，他的父亲因为他是五月五日生的，叫他母亲赶快把他丢掉。他的母亲哪里

---

① 汩徂：急行。

肯听，暗暗地养起他来。后来田文长大了，他的父亲骂他母亲道："叫你不要养活这孩子，为什么偏不听我的话呢？"田文在旁边，立刻诘问父亲道："为什么不要五月五日生的孩子呢？"他父亲说："五月五日生的孩子，将来长得同门户一样高，①就会对父母不利。"孟尝君就对此作了一番巧妙的反驳。可见五月五日在战国时代是一个不平凡的日子。我想，古代民间必定有某种关于五月五日的传说，因而认为是一个不吉利的日子。这种观念在后世也还保留着。例如东汉应劭的《风俗通义》还记着"五月五日生子，男害父，女害母"的俗说。东晋王镇恶五月五日生，他的祖父给他取名"镇恶"。可见从东汉到东晋，五月五日一直还是一个恶日。总之，可以断言，在某一时期，它必是一个有特殊意义的节日。屈原是否死在五月五日，无从断定，但他或者偶然在这一天投水，或者故意挑选这一个节日来自杀，都是可能的。即使他不死在这一天，而后人却要拣这么一个日子来纪念他，像江浙一部分地方五月五日迎涛神伍子胥的故事②，也不是没有意义的。不过伍子胥不能同爱国诗人屈原相比，所以五月五日这个节日后来就为屈原所

---

① 按古音中"户"与父母的"父"同音。长与户齐，故不利于父。

② 见邯郸淳《曹娥碑》。

独占，伍子胥竟没有份了。可见人民对历史人物的判断是非常公道的。

每年端午节吃粽子的风俗也是为了纪念屈原的。吴均的《续齐谐记》有这样一个故事：

> 屈原以五月五日投汨罗而死，楚人哀之，每于此日以竹筒贮米，投水祭之。汉建武中，长沙欧回①白日忽见一人，自云三闾大夫。谓回曰："闻君常见祭，甚善！但常年所遗，并为蛟龙所窃，今若有惠，可以楝树叶塞上，以五色丝转缚之，此物蛟龙所惮。"回依其言。今五月五日作粽，并带五色丝及楝树叶，皆汨罗遗风。

《荆楚岁时记》等书也有同样的记载，这便是端午节吃粽子的来源。

还有端午节"竞渡"的风俗也与纪念屈原有关。据《荆楚岁时记》说："五月五日竞渡，俗为屈原投汨罗日，伤其死，故并命舟楫以拯之。"《隋书·地理志》又载："屈原以五月望日②赴汨罗，土人追到洞庭不见，湖大船小，莫得济

---

① 欧回：一作"区曲"。

② 诸书都说屈原以五月五日投汨罗，这里独说是五月望日。望日是十五日，不知何据。或者各地传说不同，故记载各异。

者,乃歌曰:'何由得渡湖!'因尔鼓棹争归,竞会亭上,习以相传,为竞渡之戏。其迅楫齐驰,棹歌乱响,喧振水陆,观者如云,诸郡率然,而南郡、襄阳尤甚。"端午节赛龙船的风俗流行得很广,尤其是南方各省。我们的诗人受到广大人民永久的纪念,绝不是一件偶然的事。

第四章 关于屈原作品的一些问题

第一节　楚辞的来源

屈原的作品,向来称为"楚辞",这个名称在汉代初年就已经有了。《史记·酷吏列传》载朱买臣以"楚辞"与庄助俱幸。又《汉书·朱买臣传》说严(庄)助把朱买臣推荐给汉武帝,朱买臣"说《春秋》,言'楚辞',帝甚说之"。又《汉书·王褒传》说"宣帝时,修武帝故事,讲论六艺群书,博尽奇异之好,征能为'楚辞'九江被公,召见诵读"。武帝、宣帝时已经把"楚辞"和六艺群书同样地看待,那么"楚辞"这个名词至迟也该起自汉初。及至成帝时刘向典校经书,把屈原、宋玉、东方朔、庄忌、淮南小山、王褒诸人的辞赋,加上他自己一篇《九叹》,编成一集,名之曰《楚辞》,这时《楚辞》才又成为一部书的专名。

那么为什么叫"楚辞"呢?《隋书·经籍志》说因为屈原是楚国人,故谓之"楚辞"。宋人黄伯思作了更进一步的解释,他认为屈原及其后辈宋玉等人的作品,用的是楚国的方言,发的是楚国的声调,记载的是楚国的地理和物产,所以名为"楚辞"。[1]这个解释是正确的,很能够说明"楚辞"同楚国的关系和它浓厚的地方性的特色。

"楚辞"的产生,和古代传统文化有很深的渊源。在古代中国,北方的中原地区开发较早,文化也比较发达。南方的楚国本来被中原人视为蛮夷;但是从春秋初期开始,楚国的疆土日益扩大,国势逐渐强盛,常常和北方诸国发生交往,因此也就受到中原文化的影响。《国语·楚语上》载,楚庄王让士亹做太子箴的师傅,士亹去问当时楚国的贤大夫申叔时拿什么东西教太子,叔时说:"教之春秋,而为之耸善而抑恶焉,以戒劝其心;……教之诗,而为之导广显德,以耀明其志;教之礼,使知上下之则;教之乐,以疏其秽而镇其浮。……"这里所说的春秋、诗、礼、乐虽然还不是孔子所确定的"六艺",但属于中原文化是无疑的。试看在楚庄王的时候,楚国士大夫不但已经掌握了中原文化,而且还试图拿它来教育楚太子,那就说明南北文化开始交流一定还在更早的时候。此外,《国语·楚语下》还记着楚昭王向观射父询问《周书》中字句的含义;《孟子·滕文公上》还称说楚国人陈良因"悦周公、仲尼之道,北学于中国"的事。可见南北文化的交流是逐渐发展、逐

---

[1] 见《东观余论·翼骚序》。

渐深入的。而在这种交流中,《诗》三百篇尤其是楚国士大夫所必须掌握的。因为春秋时代,在会盟聘问等外交活动中,"赋诗"有很重要而微妙的作用,双方外交官往往通过一首现成的诗,利用其中某些句子表达自己的立场和意愿;楚国和北方诸国既然常常有交涉,它的士大夫当然就必须熟习《诗》,因此《左传》中有许多楚人引诗的故事。例如《文公·文公十年》子舟引《诗》曰:"刚亦不吐,柔亦不茹。""毋纵诡随,以谨罔极。"《宣公·宣公十二年》孙叔敖引《诗》曰:"元戎十乘,以先启行。"《成公·成公二年》子重引《诗》曰:"济济多士,文王以宁。"《襄公·襄公二十七年》:"楚薳罢如晋莅盟,晋侯享之。将出,赋《既醉》。"《昭公·昭公三年》:"郑伯如楚,子产相。楚子享之,赋《吉日》。"《昭公·昭公七年》田无宇引《诗》曰:"普天之下,莫非王土;率土之滨,莫非王臣。"《昭公·昭公二十四年》沈尹戌引《诗》曰:"谁生厉阶,至今为梗?"等等,充分说明楚国统治阶级对《诗经》的熟习。以上这些南北文化交流的情况,对楚辞的产生是有一定影响的。试看屈原作品中常常称说的古代圣君贤臣成功的事迹和暴君奸人失败的教训,其中绝大部分是北方地区的史事或神话,属于中原的历史文化,而屈原对它们是非常熟悉的。另外,屈原作品中所表现的儒家思想和法家思想,显然也是受了北方学术文化的影响。至于楚辞和《诗经》之间，那就存在着更深的渊源。屈原曾经参与过楚国的外交事务，从现有的材料来看，他就曾两度出使齐国。在屈原的时代，外交场合赋诗言志的事虽然已经不通行了，但在应对中称引诗句的情况却还是非常普遍的，因此《诗》三百篇还是各国士大夫所必须掌握的东西。孔子曾说过"不学诗，无以言"，屈原既然"娴于辞令"，恐怕和诗的素养也是分不开的。再从屈原作品本身来看，它的比兴作风和面向现实的精神，显然是继承了《诗经》的传统。

从以上的叙述中可以看出，一方面，在楚辞的产生过程中，比较成熟的北方文化曾给了它多方面的影响；但另一方面，楚辞是一种地方色彩非常浓厚的文学，它的产生与发展，和楚国的地方文化以及楚国人民的生活习俗有着密不可分的联系，以下我们就来谈谈这个问题。

首先，我们来看楚辞与楚国民间文学的关系。早在《诗》三百篇中，就已经包括了我国中南部江汉流域的民歌。例如《周南·汉广》的头一章写道：

南有乔木，不可休思；

汉有游女，不可求思。

汉之广矣，不可泳思；

江之永矣,不可方^①思!

这是一首民间恋歌。看它在"南"方的下面说到江和汉,这自然是楚国境内的诗了。这种诗的形式是整整齐齐的四言体,值得注意的是隔句用一"思"字缀在句末,其作用正与楚辞隔句用"兮"字相同;而在《周南·螽斯》《召南·摽有梅》等诗中,句末语助词更直接用了"兮"字,而且也是隔句一用,很有规律,因此从形式上看,就更与楚辞相近。

到了公元前6世纪,楚国有一首根据越人口语翻译出来的诗歌,名为《越人歌》,歌词云:

> 今夕何夕兮,搴舟中流?
> 今日何日兮,得与王子同舟?
> 蒙羞被好兮,不訾诟耻。
> 心几烦而不绝兮,得知王子。
> 山有木兮木有枝,
> 心悦君兮君不知!^②

---

① 方:并船而渡。
② 见《说苑·善说》,"搴舟中流"句据《玉台新咏》改。

这是楚康王的兄弟鄂君子皙的故事。他驾舟出游,水手是越人,抱着船桨唱了一支越国民歌。鄂君子皙不懂越国土语,才找人翻成楚语,就是上面那首歌。歌词很美,还应用了声义双关的技巧①,是一首很成功的译诗。

数十年后,又有一首民歌出现:

> 沧浪之水清兮,可以濯我缨;
> 沧浪之水浊兮,可以濯我足。

据说这是孔子在楚国听见一个小孩子唱的,是一首地道的楚国民歌。楚国民歌到了这一阶段,无论从形式的发展上看,或从技巧的熟练度上看,无疑都比二百多年前的"二南"民歌是大大地进步了。而屈原所创造的"骚体"形式,也就是在这些楚国民歌的基础上变化发展而成的。例如《九章·橘颂》一篇及《九章》一部分"乱"辞,就完全是沿用《召南·摽有梅》一类的形式;而《离骚》《九章》等篇则是从《越人歌》《孺子歌》那种形式变化发展出来的。但是在屈原的作品中,民歌的形式却有了更为成熟的艺术表现力,这主要表现在句式的参差变化上,例如《离骚》《天

---

① "山有木兮木有枝"句中,"枝"字和"知"字谐音。

问》《招魂》等作品（据《史记·屈原贾生列传》，《招魂》应为屈原所作），各篇之间形式各异。再就《招魂》一篇来看，首尾与中间的句式也是各有不同。《天问》虽以四言为主，但参差变化之处极多。《九章》各篇正文与"乱"辞都是用不同的句式，其中句子有长到八九字的，有短到四五字的。这种参差变化的句式，不但显得生动活泼，而且也更富于表现力。还有"兮"字的用法，虽原则上放在句末，但也有放在第二字的，也有放在句中的，这样就构成了各种不同的语气和节奏。

其次，我们再来看楚辞与楚国社会习俗的关系。楚国是一个巫风很盛的国家，《汉书·地理志》说楚人"信巫鬼，重淫祀"。但是在迷信巫术的风俗中，却蕴藏着大量神话与传说。这些神话传说在屈原手中便成为优美的创作素材，它们在《离骚》《天问》《招魂》等辉煌的诗篇中，由于伟大诗人的精心结撰，都产生了极大的艺术魅力。此外，《楚辞》中反映楚国地方风俗的还有很多，例如卜卦之法，《离骚》说："索藑茅①以筳篿②兮，命灵氛为余占之。"灵氛是精于占卜的人，其人或有或无，姑且不管。藑茅是一种"灵

---

① 藑（qióng）茅：古书上一种用来占卜的草。
② 筳篿（tíng zhuān）：古楚人占卜的一种方法。

草"，结草折竹以卜叫篿，是楚国的民间风俗。周去非《岭外代答》载有"茅卜"一条，其法是否与此相同，不得而知。但用两片竹，以细绳系其端，掷地，根据它的阴阳俯仰，来占卜吉凶，过去在南方是很普遍的，叫作"掷玟（一作筊）"。相传高辛庙有"竹杯筊"，就是这个东西。又如灵巫降神，《离骚》说："巫咸将夕降兮，怀椒糈而要（音邀）之。"王夫之说："巫咸，神巫之通称。楚俗尚鬼，巫或降神，神附于巫而传语焉。"又是楚国民间一种普遍的风俗。巫咸降神的事在《国语·楚语》中已经提到，可见其风甚早。至于招魂用巫，又用篝笼等物为工具，不消说也是当时楚地的风俗。在《楚辞》各部分中，《九歌》原是民间祀神的歌曲，经过屈原加工润色成为无比优美的诗篇，它与楚国地方风俗、民间歌舞的关系，自然尤为深厚。这些都说明屈原善于从民间吸取创作素材和艺术养料来丰富自己的创作，从而使他的作品带有浓厚的地方色彩。

再次，《楚辞》中多有描写楚国山川地理、自然景物的地方，例如九嶷、北山、江、淮、夏、庐江、洞庭、沅、湘、澧①等都是楚国的山水；汉北、北姑、郢、龙门、夏首、夏浦、鄂渚、陵阳、江南、辰阳、溆浦、苍梧等都是

---

① 澧（lǐ）：澧水，水名。在湖南，流入洞庭湖。

楚国的地名；兰、茝①、荃、荪、蕙、药、江离、木兰、宿莽、申椒、菌桂、留夷、揭车、杜衡、薜荔、胡绳、芰荷、芙蓉、菉、葹、葽茅、萧、艾、辛夷、萹薄、蒵②、椒、橘、黄棘、桂树、枫、鹈鴂、猿狖等是楚地所产的植物和动物。以上这些，《楚辞》中不但提到它们的名称，也常常加以艺术的描写。例如《九歌·湘夫人》描写洞庭湖的景色就是千古绝唱；又如《九章·涉江》中描写南方深山穷谷的景色和气候也是十分真实：

> 入溆浦余儃佪③兮，迷不知吾所如④。
> 深林杳以冥冥兮，乃猿狖⑤之所居。
> 山峻高以蔽日兮，下幽晦以多雨。
> 霰雪纷其无垠兮，云霏霏而承宇。

最后谈一谈《楚辞》与楚国的语言和方音的关系。例如屈原作品中的"羌""蹇""纷""凭""修""扈""遭""跆""些""婵

---

① 茝（chǎi）：一种香草。
② 蒵（fán）：古书上说的一种似莎而比莎大的草。
③ 儃佪（chán huái）：徘徊不前。
④ 如：往。
⑤ 狖（yòu）：长尾猿。

媛""佗傺""婼""敖""潭""瀛""钛""汻""笅""瞯"等词，都已经前人指出，确为古代楚国人的口语。又如"些"字，在《招魂》句末就用了一百多个。"些"，读"娑"音，又可读为"徙"，与"兮"和"思"字的声音都相近，不过方音有轻重之分别罢了。宋沈括的《梦溪笔谈》中说："今夔峡湖湘及南北江獠人，凡禁咒句尾皆称'些'，此乃楚人旧俗。"《招魂》之词本与"禁咒"相似，故用"些"作语尾以模仿巫阳的口吻。我想，《楚辞》中必定还有许多方言未被发现，如"汩余若将不及兮"（《离骚》）、"汩徂南土"（《九章·怀沙》）、"汩吾南征"（《招魂》）三句头上都用一个"汩"字，这也可能是楚国的方言。同时，楚辞又是一种楚声的文学，可惜当时的楚声现已失传。在汉宣帝时，曾征得一位寿春（本楚故地，今安徽寿县一带）老人被公来诵读"楚辞"，可见《楚辞》本来是应该用楚国的方音来读的。被公之所以被征召诵读"楚辞"，必定是他能够按照楚声的音调来读它，事实上等于歌唱，至少也像现今的诗歌朗诵。要是普通的口诵，那么稍通文理的人都可以办到，何苦偏要请一位老头子来呢？而且寿春是考烈王以后的楚国故都，懂得楚声的人到汉代还有，被公便是其中的一个，所以才被征召。这种特殊的楚声，继续流传下去，直到隋唐间还有人能读。据文献所载，隋代有一个和尚名道骞的，能够用楚声来读《楚辞》，音韵清切，非常动听。到唐代，诵读《楚辞》的人还都是依照他的声调。《楚辞》这种不避方言土语和采用方音入诗的特点，当然也是使楚国人民感到亲切易晓的一个原因。

第二节　屈原的作品及其写作年代

屈原的作品流传至今的还很多。班固《汉书·艺文志》所记录的篇数是二十五篇，但没有具体篇目。在王逸的《楚辞章句》中，明确标为屈原所作的有《离骚》、《九歌》（十一篇）、《天问》、《九章》（九篇）、《远游》、《卜居》、《渔父》、《大招》共二十六篇。① 按班固《汉书·艺文志》出自刘向、刘歆《七略》，而王逸《楚辞章句》相传用的是刘向所编的《楚辞》集，二者既然同出于刘向，自应互相一致，但《楚辞章句》比《汉书·艺文志》在数目上多了一篇，后人为了迁就《汉书·艺文志》所记的二十五篇之数，便作出了种种的解释。这些解释多有削足适履的毛病，可以不必多管。值得注意的倒是王逸《楚辞章句》所标明的《楚

---

① 其中《渔父》一篇在序文中指明它为楚人所记述，《大招》一篇在序文中指出有人说是景差所作。

辞》作者，还存在着一些问题。例如《招魂》一篇，司马迁明明说是屈原的作品，王逸却把《招魂》归为宋玉所作，不知有何根据。我认为我们应该把《招魂》的著作权判还屈原。又如《大招》，据我看是汉初人模仿《招魂》的作品，与屈原无涉。还有《卜居》和《渔父》，都是根据某些关于屈原的传说敷衍而成。这些问题由于比较专门，这里就不详加论述了。

以下，我们就来介绍屈原作品的写作年代及其他有关问题。

一、《离骚》

《离骚》是屈原作品中一篇最长的抒情诗，共有三百七十多句，近二千五百个字，在屈原作品中是最重要的一篇。"离骚"二字怎么讲呢？从前的解释认为是遭遇忧患的意思[1]，也有解为离别之愁的[2]。但我很疑心它是楚国一种歌曲的名称。当时楚国流行的歌曲很多，例如《涉江》、《采菱》、《阳阿》(即《扬荷》)、《薤露》、《阳春》、《白雪》之类。但"离骚"是否为曲名，在古书中找不到直接的记载，只有《大招》一篇提到楚国有《劳商》之曲。"劳商"

---

[1] 见《史记·屈原贾生列传》、班固《离骚赞序》。
[2] 见王逸《楚辞章句》。

二字与"离骚"二字的发音古时很相近,或者就是一个名词的异写,也未可知。《楚辞》中本有用古歌曲名为篇名的,如《九歌》《九辩》等。因此我就联想到"离骚"可能也是楚国古代一种歌曲的名称,屈原不过借用来作为自己抒情诗的篇名罢了。至于"离骚"二字,无论是楚国的古曲名也好,或是屈原自己创造的名词也好,它本身究竟应该怎样解释呢?我想,照字面上看,旧说是可以讲得通的。但是不是作者原来的意思却很难说。汉代有一个辞赋家扬雄,他曾经模仿《离骚》,作了一篇《反离骚》,又模仿《九章》各篇作辞赋一卷,名曰《畔牢愁》。"畔"与反叛的"叛"字通用,"牢愁"即"牢骚"。故"畔牢愁"也就是"反离骚"。扬雄不过故意玩花样,变换了一下文字而已。照此说来,"离骚"二字可能就是"牢愁"或"牢骚"的意思,不能拆开来讲。屈原为了国家和人民而遭放逐,牢骚不平之气当然是会有的。

《离骚》的名称,在后世也常被用作《楚辞》的代称。如《文心雕龙》以《辨骚》标目,与《诠赋》并列;《文选》把"骚""赋"分为二体。自此以后,沿称《楚辞》为"骚"乃成惯例。如《新唐书·柳宗元传》所谓"仿《离骚》数十篇",《宋史·晁补之传》所谓"论集屈宋以来赋咏,为《变离骚》等三书",又《宋史·艺文志》所载的黄伯思的

《翼骚》等，就都是这种情况。

关于《离骚》的写作年代，过去许多人因《史记》本传叙屈原见疏之后乃作《离骚》，就都认为是怀王时的作品，但其实《离骚》是屈原在顷襄王朝再次被放逐江南时候的作品，这一点是可以从本文中得到证明的。首先，例如说"余既不难夫离别兮"，就显然是被放逐以后的口吻。又说"济沅湘以南征兮，就重华而陈词"，沅水、湘水都在江南，屈原再次被放逐时才到过这里；而"重华"即帝舜，相传他死在苍梧，葬于九嶷，两地皆在江南，距屈原的放逐地不远，所以《离骚》的下文又说到"朝发轫于苍梧兮"和"九疑①缤其并迎"，这是很自然的联想。这一连串的地名，就证明《离骚》是屈原再次被放逐江南时所作。其次，《离骚》在追叙他当年立朝与党人异趋时说"老冉冉其将至兮"，则《离骚》之作显然在将老之后，与再次被放逐时作的《九章·涉江》所谓"年既老"的时候相去必不甚远。此外篇中还有"九死未悔""体解未变"以及"死直""危死"之言，去国远逝之想，并在最后表示了一死的决心，若非屡遭挫折，到了绝望的时候，必不至此。试看"又何怀乎故都"一语，其被放离郢、悲愤沉痛的心情更显然可见。所

---

① 九疑：即九嶷。

以我认为《离骚》是再次被放逐江南时的作品。

二、《天问》

《天问》是一篇古今罕见的奇文,它从头至尾一共提出了一百七十多个关于天地万物的问题。什么叫"天问"?王逸以来的注家都解作问天。那么为什么不叫"问天"呢?照王逸的解释是:"天尊不可问,故曰天问也。"《天问》中的问题虽然很多,但归纳起来,屈原所提的不外乎天象和天道两方面的疑问。

比如一方面的问题是关于天象的,其中包括天地未分、洪荒未辟的情形;天地既形、阴阳变化的道理;日月星辰的位置;昼夜晦明的现象;河海川谷的深广;地形四方的径度;日光不到的地方;冬暖夏寒的处所以及动植物界的各种怪异现象等。其中有不少问题是非常有意义的,例如,他问:天的尽头在什么地方?日月星辰如何系属、陈列在天上?太阳从早到晚究竟走了多少路?月亮为什么有盈亏的循环?东流之水为什么总不会满?地体据说是椭圆形的,那么它东西的直径比南北长多少?哪里是太阳照不到的地方?这些问题充分反映了诗人对宇宙奥秘渴望了解的精神。我们说,在古人心目中存在这些问题一点也不奇怪,值得注意的倒是屈原那种追求科学真理的态度。

另一方面的问题，是历史和传说中许多关于治乱兴衰的事件。在古人看来，一切治乱兴衰都是由天道支配着的，诗人就在这一方面提出了种种的疑问。通过这些问题，他首先给我们提供了许多可贵的神话资料，如：女歧无夫而生九子；鲧听鸱龟之计而筑长堤；禹治洪水；共工倾地；后羿射日；启母化石而生启；启窃天帝的乐歌；鲧死化为黄熊，入于羽渊；简狄受胎于玄鸟而生契；后稷被弃寒冰而不死；等等。至于提出那些关于历史故事的问题，则又包含着以古为鉴的意义，指出那些淫暴纵欲的人最后都遭到了灭亡，在这一点上，与《离骚》中某些历史追述用意是相同的。司马迁在《史记·屈原贾生列传》的赞语中说，"余读《离骚》《天问》《招魂》《哀郢》，悲其志"，说明《天问》的这一部分含义，司马迁也是看到了的。但过去有些注家认为《天问》通篇都有讽谏陈志的意义，因而对每一段甚至每一句都曲为解释，那就未免是穿凿附会了。

《天问》全篇共三百七十四句（其中至少尚有脱简六句不算），一千五百六十六个字，是屈原作品中第二长诗。它的形式除少数句子以外，基本上以四言为主，通篇四句为一节，每节为一韵；亦有两句为一韵的，其例绝少。又通体全用问语，而参差历落，错综变化，非常灵活矫健。这是《天问》文学技巧的一个特点。

《天问》作于何时，向来没有定论。据王逸说，屈原被放逐于山泽之间，看见楚国先王宗庙和公卿祠堂的壁画，有天地山川神灵怪异，因题图书壁，后人述之，遂成此篇。这个说法虽不知有何根据，但西汉时尚有类似《天问》中提到的壁画，如九子母及纣王醉踞妲己等图[①]，与《天问》中"女歧九子"和"王纣之躬"两条有关，所以题壁的话也许不是无稽的。而《天问》篇末有"薄暮雷电，归何忧""伏匿穴处，爰何云""悟过改更，我又何言"等语句，则确是被放逐以后的口气。如果这个说法不错，那么再次被放逐比初次被放逐更有可能，因为《天问》后半篇的历史鉴戒录与《离骚》陈词的用意相同，估计它们写作的时间可能相去不远。

三、《九章》

《九章》中包括九篇作品。依照王逸《楚辞章句》的次序，是《惜诵》《涉江》《哀郢》《抽思》《怀沙》《思美人》《惜往日》《橘颂》《悲回风》九篇。为什么叫作《九章》？王逸说："章者，著也，明也，言己所陈忠信之道甚著明也。"而朱熹则谓："后人辑之，得其九章，合为一卷，非

---

① 见《汉书·成帝纪》及《汉书·叙传》。

必出于一时之言也。"把《九章》各篇的内容仔细研究一下，朱熹的说法是符合事实的，王逸的解释显然是望文生义。但《九章》这个总篇名既然不是屈原自己所定，究竟是什么时候才加上去的呢？《史记·屈原贾生列传》赞语说："余读《离骚》《天问》《招魂》《哀郢》，悲其志。"又传文中说："乃作《怀沙》之赋。"《哀郢》《怀沙》都是《九章》中的篇名，司马迁单独地提到它们，可见那时还不曾有《九章》的总名。而刘向《九叹·忧苦》说："叹《离骚》以扬意兮，犹未殚于《九章》。"这里提到《九章》，刘向又是最初编集《楚辞》的人，所以《九章》这篇名很可能就是刘向加上去的。

《九章》各篇，班固、王逸都认为全部是屈原再次被放逐江南时所作，这个判断是不完全正确的。《九章》各篇，固然绝大部分作于再次被放逐之时，但也有作于初次被放逐时的，也有作于被谗见疏时的。各篇的大致情况如下：

《惜诵》的篇名是喜欢谏诤的意思。这篇作品据我看，是怀王十六年（前313）屈原因反对绝齐，被谗去职而作。篇中说："忠何罪以遇罚兮""纷逢尤以离（作'遭'解）谤兮""退静默而莫余知兮，进号呼又莫吾闻"。又说："欲高飞而远集兮，君罔谓（莫非会说）汝何之？欲横奔而失路兮，坚志而不忍。"这是一种被谗失职后烦闷无聊的情绪。

看他还不愿"高飞远集"和"横奔失路",便说明此时并未被放逐。

《抽思》本当作"抽怨",因为篇中"少歌"有"与美人抽怨兮"的话,故取以名篇。"抽怨"是抒发怨恨的意思。这篇作品大约是在怀王二十四年(前305),屈原因反对绝齐联秦,被放逐于汉北而作,上一章已详细说过,这里不再重复。

《思美人》《哀郢》《悲回风》《涉江》《橘颂》《怀沙》《惜往日》七篇都是被放逐于江南时所作的。《思美人》大概作于顷襄王十三年(前286)春季放逐途中,所以说"开春发岁兮,……遵江夏以娱忧",又说"独茕茕而南行",与后来在《哀郢》中所追述的时地完全相同。《哀郢》一篇前面说"民离散而相失兮,方仲春而东迁","去故乡而就远兮,遵江夏以流亡。出国门而轸怀兮,甲之鼂[①]吾以行"。这是追怀往事,与《思美人》相合。下文又说:"惟郢路之辽远兮,江与夏之不可涉。忽若去不信兮,至今九年而不复。"由此可知《哀郢》至少是在《思美人》后九年所作。再就篇中叙及郢都被攻破的话来看,如"曾不知夏之为丘兮,孰两东门之可芜"等,证明《哀郢》必作于顷襄王

---

① 鼂(zhāo):同"朝",早晨。

二十一年（前278）。据《史记·楚世家》，这年秦将白起破郢都，楚顷襄王兵散，退保于陈城。《哀郢》不但有久放之感，而且有破国之忧，故文辞特别凄怆。篇中"哀见君而不再得""哀故都之日远""哀州土之平乐兮"等句都表现了这种感情；而"乱"辞以"鸟飞反故乡兮，狐死必首丘"比喻自己不忘故国，尤其沉痛。

《悲回风》不能确定作于何时，但篇中说："岁曶曶其若颓兮，时亦冉冉而将至。薠蘅槁而节离兮，芳以歇而不比。"可见屈原这时已近衰老之年，则本篇亦必为第二次被放逐期内所作。《涉江》描写屈原溯江而上，入于江湘，更上沅水，至辰阳，入溆浦，这大约是到了放逐的终点，所以他说"入溆浦余儃佪兮，迷不知吾所如"，也就是说不能再往前走了。他又说："哀吾生之无乐兮，幽独处乎山中。吾不能变心而从俗兮，固将愁苦而终穷。"说明他虽处在山穷水尽的境地，也仍是那样的坚强。

《橘颂》写作的时代表面上很难看出。但它描写橘生南国的情况，可能是屈原被途中所见触动，有感而发。在这篇作品中，诗人赞美橘树有坚贞的性格（"受命不迁"）、灿烂的外表（"青黄杂糅，文章烂兮"），以及优异的材质（"精色内白，类可任兮"）。这些其实都是自喻。所以从辞赋的体裁上来说，《橘颂》代表了体物写志的典型作风。

《怀沙》《惜往日》两篇，都是屈原在自沉之前不远所作的，时间大约在顷襄王二十二年（前277）夏历四月中。《怀沙》是怀念长沙的意思。前面说过，屈原到了辰阳、溆浦一带，本来已不再往前走了；但这时秦兵又攻占了楚国的巫郡和江南，设置了黔中郡，黔中即辰阳、溆浦一带；所以屈原不得不复下沅水，涉洞庭，稍折而南，至长沙汨罗江，最终自沉而死。所以题其篇曰《怀沙》，与《涉江》《哀郢》同为写实之词。《惜往日》是屈原的绝笔。他说："临沅湘之玄渊兮，遂自忍而沉流。卒没身而绝名兮，惜壅君之不昭。"又说："不毕辞而赴渊兮，惜壅君之不识。"这都是沉痛的绝命之词。但就在这个时候，他仍然对楚国的黑暗势力作了最后一次尖锐的揭露。他不仅揭露旧贵族们"蔽晦君之聪明兮，虚惑误又以欺"的罪行，而且谴责怀王和顷襄王，说他们"弗参验以考实兮，远迁臣而弗思""弗省察而按实兮，听谗人之虚辞"。这正表现了至死也不宽恕敌人的坚毅顽强的战斗精神。

四、《远游》《招魂》

《远游》是一篇游仙诗，描写了神游天上的快乐，走遍东西南北四方，浪漫情绪略与《离骚》中的某些部分相类似；其中也涉及服食轻举、养生炼形的理论。神仙思想出于道家，战国时道家学说盛行于南方，屈原由于广泛地涉猎各家学说和思想，所以也受到道家思想的影响。可是我们感到奇怪，那么正视现实的爱国诗人为什么会想做神仙？我想，他自从斗争失败，看到世间现实环境的黑暗污浊，一时受了刺激，才作此愤然出世之想。《离骚》中不是好几处说到往观四荒、浮游逍遥吗？《远游》干脆来一个专题发挥。而归根到底，这只不过是暂时的矛盾心理的反映。屈原的思想是丰富复杂的，所以有时候不妨借出世的幻想抒情自遣，但不是真的想出世，如果真的想出世，他就不会自沉汨罗以身殉国了。至于《远游》中有"嘉南州之炎德兮，丽桂树之冬荣"和"使湘灵鼓瑟兮"那些话，恐怕也是再次被放逐江南时作的。

根据《史记·屈原贾生列传》的赞语，《招魂》为屈原所作，是没有问题的。《招魂》讲的什么内容？有人说屈原招怀王的魂，有人说屈原招自己的魂。我同意后者，这篇作品有点像后世的自祭文。我们看篇首说："朕①幼清以廉洁兮，身服义而未沫。主此盛德兮，牵于俗而芜秽。上无所考此盛德兮，长离②殃而愁苦。"意思是我自身本是志洁行

---

① 我。

② 离：遭。

廉的，只因群小所谗，主上不察，竟一再被放逐，以致"长离殃而愁苦"，自述的意思很明显。本来招魂是招死人的魂，招生人的魂是少见的，招自己的生魂那更是少见。但谢灵运《山居赋》说，"招惊魂于殆化，收危形于将阑"；杜甫《彭衙行》也有"剪纸招我魂"之句，可见晋宋以后还有招生魂的风俗。过去民间祈禳疾病，也有喊魂、收魂之事。宋范成大《桂海虞衡志》说："人远出而归者，止于三十里外，家遣巫提竹篮迓①，脱归人贴身衣贮之篮，以前导还家，言为行人收魂归也。"②陆次云以此为僮族③的风俗，载之《峒溪纤志》中。那么招生魂之事在古代少数民族中也是有的。④《招魂》中的"秦篝"即篾笼，"齐缕"即笼系，"郑绵络"即魂衣，这完全与僮俗相同。大概古代湘江流域各种民族杂处其间，屈原看见当地土俗，便仿作了这篇《招魂》词。

《招魂》首尾用骚体，中间主要用四言形式。每隔一句，句尾用一"些"字，与其他各篇用"兮"字不同，大概是模拟南方巫音。除首尾"序""乱"之外，中间假托巫阳口气，说四方上下如何可怕、家乡如何可爱，教魂魄归

---

① 迓（yà）：迎接。
② 见《文献通考》卷330引，今本《桂海虞衡志》无此文。
③ 现称壮族。后文"僮俗"即壮族民俗。
④ 李宗昉《黔记》、云南《昭通县志稿》载有"叫魂"之俗。

来安享逸乐，不可乱跑。其中描写居处、陈设、饮食、女乐、游戏等，极力铺张，辞藻华美、想象丰富，是一篇很好的文章。

《招魂》说到"南征"，说到"江南"，还有"路贯庐江"的话，无疑是屈原再次被放逐时写的。

五、《九歌》

《九歌》本是楚国民间祭神（或鬼）的乐歌，共有十一篇，即《东皇太一》《云中君》《湘君》《湘夫人》《大司命》《少司命》《东君》《河伯》《山鬼》《国殇》《礼魂》。篇目都是楚人所祭的神名，而这些神又可分为三类：

天神——东皇太一（星名，天之尊神），云中君（云神），大司命（星名，主寿命的神），少司命（星名，主子嗣的神），东君（太阳神）。

地祇——湘君、湘夫人（湘水的配偶神），河伯（河神），山鬼（山神）。

人鬼——国殇（为国捐躯的将士），礼魂（旧注：祭一般善终者）。

但《九歌·礼魂》一篇只有五句，不像一篇独立的祭歌，也不像前十篇各祭一神的语气。所以明人汪瑗认为这是前十篇的"乱辞"①,清人王夫之更指出这是前十篇共用的送神之曲②。这意见相当正确。所以《九歌》虽然有十一篇,实际上只祭十个神。

《九歌》这个名称大概很古,《离骚》《天问》都提到它,《山海经》也提到它,据说是夏启王从天上偷下来的,这是一个古代神话。至于楚人祭神的歌曲为什么也用《九歌》为名,则不得而知。而从前注《楚辞》的人,因为拘泥"九"这个数目,或任意合并《山鬼》《国殇》《礼魂》为一篇,或合并《湘君》《湘夫人》为一篇,《大司命》《少司命》为一篇,以求符合"九"数,这种削足适履的做法,都是不了解《九歌》的"九"不一定是实数的缘故。

战国时代楚国人非常迷信鬼神,宗教性的祭祀和祈祷在民间普遍流行,所以《汉书·地理志》说楚人"信巫鬼,重淫祀"。这就是说用巫觋来滥祭鬼神。巫觋本是一种能以歌舞娱神的专门职业者,每当祭祀的时候,他们就在神坛出现,唱歌跳舞,替人们祈求福佑。例如:

灵偃蹇兮姣服。(《九歌·东皇太一》)

---

① 见《楚辞集解》。
② 见《楚辞通释》。

灵连蜷兮既留。(《九歌·云中君》)

灵衣兮被被。(《九歌·大司命》)

思灵保兮贤姱。(《九歌·东君》)

这里三个"灵"字、一个"灵保",都是指巫者而言;因为巫是代表神的,所以,神称为"灵",巫也称为"灵",或称为"灵保"。试看五音繁会,传芭代舞,其间偃蹇连蜷者,都是灵巫活动的姿态。所以《九歌》就是楚国的巫歌,就是当时巫觋执行职务时所唱的歌词。至于歌词的内容,大体说来,有描写灵巫的服装动作的,有描写祭堂的陈设和祭品的,有描写祭祀的音乐和歌舞的,有描写神的车驾和仪仗的,有描写神的生活的,也有直接歌颂神的。其中有关祭祀仪式的描写,都能传达出声音和气氛;有关神的形象的描写,则无不切合每一种神的身份和生活。《吕氏春秋·侈乐》说:"楚之衰也,作为巫音。"巫音的唱法怎样,现在不知道,但《九歌》必用巫音来唱则无问题。

《九歌》的作者是谁呢?

王逸说,屈原放逐在沅湘之间,"出见俗人祭祀之礼,歌舞之乐,其词鄙陋,因为作《九歌》之曲"。而朱熹则认为屈原仅仅作了修改润色的工作,"颇为更定其词,去其泰甚"。

依我的看法，朱熹的解释比较近是。《九歌》起初本是民间的口头创作，后来才经过屈原写定或修改。因为《九歌》既是民间祭神的歌曲，祭祀又是由巫来主持，所以它的原始形态的歌词要不是出于一般人之手，就很可能由巫祝们所编造。这种歌词生动活泼，是文学创作活生生的原始材料。屈原是一位善于向人民创作学习的诗人，当他有机会接触这部分民间作品时，一方面从其中吸取养料，丰富自己的创作；另一方面又从更高的艺术水平上来对它们加工润色，进行再创造，这是最有可能的。屈原和《九歌》的关系，我们从屈原的作品中还可以找到直接的证据，这就是屈原的作品和《九歌》的词句有许多相同之处。例如：《九歌·云中君》的"与日月兮齐光"一句又见于《九章·涉江》[1]；《九歌·湘夫人》的"九疑缤兮并迎"一句又见于《离骚》[2]；《九歌·东君》的"载云旗兮委蛇"一句也见于《离骚》[3]。这些是完全相同或只有个别虚字不同的例子。此外如：《九歌·大司命》有"玉佩兮陆离"，《离骚》则有"长余佩之陆离"；《九歌·少司命》有"绿叶兮素华"，《九章·橘颂》则有"绿叶素荣"；《九歌·大司命》有"老冉

---

[1] 《九章·涉江》"齐"作"同"。
[2] 《离骚》"兮"作"其"。
[3] 《离骚》"兮"作"之"。

冉兮既极"，《离骚》则有"老冉冉其将至兮"；《九歌·湘君》有"驾飞龙兮北征，邅吾道兮洞庭"，《离骚》则有"为余驾飞龙兮"及"邅吾道夫昆仑兮"。此外还有许多词语如"纷总总""芳菲菲""长太息"等也同时见于《九歌》及《离骚》中。这种现象完全能说明屈原与《九歌》有着深切的关系。

关于《九歌》写定的时间，王逸认为是在屈原被放逐于沅湘之间的时候。这是不符合事实的。因为《九歌》不但在内容上毫无放逐的情调，在文字上也找不出放逐的迹象；而且《九歌》的背景显然不限于沅湘之间，它北至于黄河，西至于巫山；又包括天神、地祇、人鬼，范围很广泛，也很有组织。这样就必须事前经过搜集，事后经过整理；而搜集、整理的时间也就是《九歌》写定的时间。当然，搜集、整理和写定的时间现在已不可考，但《汉书·郊祀志下》载谷永对成帝说："楚怀王隆祭祀，事鬼神，欲以获福助，却秦师，而兵挫地削，身辱国危。"因此马其昶肯定《九歌》必屈原承怀王之命而作。[①]我想楚怀王既然"隆祭祀，事鬼神"，自然需要有一套祭歌。如果这件事在怀王十七八年（前312—前311）屈原还被信任的时候，那么《九

---

① 见《屈赋微》及《抱润轩文集·读九歌》。

歌》的写定就非屈原莫属，而写定的时间也就有线索可探寻了。《九章·惜往日》有这样的话："惜往日之曾信兮，受命诏以昭诗。"这里所说的"诗"，可能就包括《九歌》这类的作品在内。

第五章 屈原作品的思想内容和艺术成就

第一节　屈原作品的思想内容

屈原是一位热爱祖国、关怀人民、坚持进步理想、憎恶黑暗现实的伟大诗人。为了楚国的安全、人民的利益，他曾同当时腐朽的贵族集团进行过顽强的斗争。虽然斗争失败了，但他的思想人格、政治主张以及当时楚国社会的尖锐矛盾，却鲜明地反映在他的诗篇中，构成了作品的深刻思想性。这些诗篇在历史上曾产生过很大的积极影响。

屈原的代表作品是《离骚》。这不仅是因为《离骚》篇幅宏伟，足以全面而深入地揭露矛盾，抒发感情；也因为它是屈原晚年的作品，这时国家的前途、个人的安危都已渐见分晓，所以能在充分的斗争经验上来作一次总的抒发。因此《离骚》是首先值得我们注意的作品。

《离骚》全篇可以分为三大段来读：自"帝高阳之苗裔兮"至"岂余心之可惩"为第一大段；自"女嬃之婵媛兮"至"余焉能忍与此终古"为第二大段；自"索藑茅以筳篿兮"至"蜷局顾而不行"为第三大段。最后以"乱"

辞作结。

在第一大段中，诗人首先叙述自己的世系、祖考、生辰和名字。接着叙述了自己的德性、才能、努力自修的意志和献身于君国的愿望。他说自己的理想是要使楚国能够实现唐虞三代之盛。因此他不仅自己尽瘁于国事，而且还培养了许多人才，希望储为国用。但是在"党人偷乐""灵修数化"的恶劣环境中，他的理想破灭了。个人遭到挫折之外，培植的人才也都变了质，这就尤其使他痛心。但尽管坏人们"贪婪竞进"，尽管当时的风气趋向于投机取巧，他自己却坚决取法"前修"，宁愿溘死流亡，也决不肯同流合污。不但如此，他还看清了方枘圆凿决不能相容，走着不同生活道路的人决不能相安无事，因此他决心要斗争到底，哪怕把身体截成几段，也不会改变自己所坚持的原则。从这里，我们看到诗人跟楚国当时腐朽统治集团的斗争是非常坚决的。

在第二大段中，诗人先假设一个老婆婆责备他不应该刚直太过，坚持美好的节操而与众不同，这是取祸之道。屈原听了以后不敢相信，所以渡过沅湘，到古帝重华那里去陈诉自己的心迹。他陈述了夏、商、周三代兴亡的事实，认为羿、浇、桀、纣之所以亡，是由于他们荒淫纵欲，残害忠良；禹、汤、文、武之所以兴，是由于他们举贤授能，遵循法度。所以他得到的结论是："上天是没有私心的，它只是帮助有德的人。圣贤们靠着好的行为，才能够享有他们的国土。"所以他强调要了解人民的意志和愿望，并认为凡是不义的都不可以用，不善的都不可以行。他拿这一连串的事实和结论来向重华倾诉，而重华也给了他肯定的回答。因此他非常兴奋，也更有了信心，就准备上天去叩阍，想从天帝那里得到最后的评判。他驾龙乘凤一早从重华所居的苍梧出发，经过昆仑山上的县圃，前呼后拥地来到了天门，要求管门的人开门，谁知管门的人理也不理。屈原无法见到天帝，就渡过白水，登阆风，游春宫，想在下界中寻求一个志同道合的女性，作为通向天帝的媒介。他先派了云师丰隆去求宓妃，派凤皇去求有娀的佚女简狄，后来又去求有虞氏的二姚，结果却都落了空。像这样天路难通的情况，也就是当时楚国现实的象征。

既然天门不开，陈志无路，于是就有去国远逝之想。在第三大段中，屈原先假设去向灵氛问卜。他对灵氛说：我想九州的地方很博大，难道只有这里才能找到了解我的人吗？灵氛就劝他远行。但他犹豫不决，就又趁着巫咸降神的机会去求神的启示，神又告诉他暂时不要走，可能有一天会像咎繇、伊尹、傅说、吕望、宁戚一样，遇到夏禹、商汤、武丁、周文王、齐桓公那样的明君。他再三考虑的结果：楚国是不能留了，不得已只有依照灵氛的劝告，选择吉日启程去国了。于是他幻想早晨从天东头的天津出发，晚上到了西极，并且经过流沙、赤水，又路过不周山向左转，以西海为最终的目的地。正在天空中翱翔行进的时候，却忽然在"赫戏"的阳光中望见了自己的故乡——楚国，他的仆人非常悲伤，马也踟蹰回顾，不肯再往前走。到这里，《离骚》的正文就结束了。以下便是总结全篇的"乱"辞，表达了屈原以身殉国的决心。

《离骚》是一篇宏伟壮丽的抒情诗，但其中也交织着叙事的成分；同时，它也是一篇具有丰富现实内容和强烈的政治倾向性的作品，但在许多地方又采用了想象的表现手法。因此《离骚》的内容是十分丰富复杂的。

《离骚》和屈原的其他许多作品，都是通过一个崇高的爱国主义者和一群贪人败类的斗争反映了当时楚国政治舞台上进步与反动两种势力的矛盾，而斗争的结果则直接影响着国家的命运。屈原在《离骚》中很明确地说：

惟夫党人之偷乐兮，路幽昧以险隘。
岂余身之惮殃兮，恐皇舆之败绩！①

----

① 败绩：覆车。"皇舆"比喻国家，故以覆车来比喻危亡。

"皇舆败绩"也就是国家危亡的象征。因此这是一场严肃而重大的政治斗争。

在这场斗争中,屈原坚持着"美政"的理想,具体说来,包括了举贤授能和修明法度两个主要的内容。例如他说:

> 昔三后之纯粹兮①,固众芳之所在。
> 杂申椒与菌桂兮,岂维纫夫蕙茝!

> 汤、禹俨②而祗敬兮,周论道而莫差。
> 举贤才而授能兮,循绳墨而不颇③。(《离骚》)

> 乘骐骥而驰骋兮,无辔衔而自载。
> 乘泛泭以下流兮,无舟楫而自备。
> 背法度而心治兮,辟与此其无异。(《九章·惜往日》)

屈原提出这两点主张,虽然是借着古代的圣君贤王来作榜样的,但我们知道,在战国时代,任贤养士的风气非

---

① 三后:旧注指禹、汤、文王。一说指楚之先君熊绎、若敖、蚡冒。

② 俨:敬也。

③ 绳墨:以木工取直的工具比法度。颇:偏也。

常普遍，这反映贵族特权统治的没落，一批非贵族出身的杰出人才要求参与改权，发挥他们的才能；至于提倡法治，认为一切要按照法度办事，这也是针对旧的贵族特权而发的，反映了新兴的地主阶级的政治要求。可见屈原提出的这两点主张，实际上是从现实发展的趋势出发的，在当时无疑是符合于国家人民利益的进步主张。《离骚》中说："不抚壮而弃秽兮，何不改此度？乘骐骥以驰骋兮，来吾道夫先路！"正反映了屈原要把国家引向富强的迫切愿望。

为了坚持进步的主张，屈原向楚国的贵族统治集团进行了坚决的斗争。在《离骚》中诗人揭露他们说：

众皆竞进以贪婪兮，凭①不厌乎求索。
羌②内恕己以量人兮，各兴心而嫉妒。

固时俗之工巧兮，偭规矩而改错③。

---

① 凭：旧说作"满"解。按《史记·屈原贾生列传》"夸者死权兮，品庶冯生"。"冯"与"凭"通。《集解》引孟康曰："冯，贪也。"此处亦当作"贪"解。

② 羌：楚方言中的发语词。

③ 偭：违背。改错：更改措施。

背绳墨以追曲兮,竞周容以为度①。

争权夺利,贪婪嫉妒,倚仗权势,蔑视法度规矩,这一切都反映了贵族统治集团的腐朽本质。正是这些人的统治,把楚国的社会引向极端黑暗的地步,《离骚》和《九章》中常常用"世溷浊"的字句来描写当时的现实,例如"世溷浊而不分兮,好蔽美而嫉妒""世溷浊而嫉贤兮,好蔽美而称恶""世溷浊而莫余知兮,吾方高驰而不顾"等;此外还用种种手法来描写现实中变白为黑、倒上为下、是非混淆、香臭不分的情况,这正是当时楚国社会最真实的写照。

在揭露贵族统治集团的同时,屈原对作为最高统治者的楚王也并没有放过。我们知道,屈原对国君是非常忠心的,在《离骚》和《九章》中,他一再表明自己的心迹,例如《离骚》中说:"余固知謇謇之为患兮,忍而不能舍也。指九天以为正兮,夫唯灵修之故也。"又如《九章·惜诵》中说:"思君其莫我忠兮,忽忘身之贱贫。事君而不贰兮,迷不知宠之门。"但是屈原的忠并不是一味地愚忠。在他心目中,君是国的代表,而事实上封建时代的国君也确实直

---

① 周容:苟合取容。度:常法。

接决定着国家的命运,所以屈原一心想通过国君来行使"美政",实现国家的富强。但当他认识到国君完全站在"党人"的一边,把国家弄到濒于危亡的时候,他就敢于谴责国君。《离骚》中从"伤灵修之数化"到"怨灵修之浩荡"反映了越来越深的怨愤,《九章·惜往日》更反复指斥国君"弗参验以考实兮,远迁臣而弗思""弗省察而按实兮,听谗人之虚辞"。这就说明屈原的"忠君"已经在一定程度上超出了纯粹封建道德意义上的愚忠,他把国家的利益放得更高。正因为这样,屈原遭到了后世某些封建士大夫的非议。例如班固说他"露才扬己",认为他不该"责数怀王,怨恶椒兰";颜之推更指责他"显暴君过"等。这些话在今天看来,恰恰从反面说明了屈原所作的斗争是有很大的进步意义的。

屈原的作品在揭露贵族统治集团的同时,也表现了对人民群众深刻的关怀与同情。在楚国当时黑暗溷浊的现实中,苦难最深的当然是人民群众,这一点屈原看得很清楚。因此即使在被谗放逐的过程中,诗人虽然思想上有种种的矛盾与苦闷,但当他想到人民的苦难,他就能够镇定下来,继续向国君陈词进谏:

愿摇起而横奔兮,览民尤以自镇。

结微情以陈词兮,矫以遗夫美人①。(《九章·抽思》)

正是基于对人民的同情,所以能够这样地克制自己,没有因为个人的悲惨遭遇而影响了斗争的信念。尤其像《九章·哀郢》的一开头,诗人是这样写的:

皇天之不纯命兮②,何百姓之震愆③。
民离散而相失兮,方仲春而东迁。

在国破家亡的日子里,诗人看到了人民群众所遭受的苦难。这几行诗句,表现了诗人对人民的深厚同情。

再看《九歌》,它虽然是一组祀神的歌曲,但其中有些篇也表现了诗人那种为人民除害造福的美好愿望。例如《九歌·少司命》描写一个忠于职守的女神,她登上九天,绥抚象征灾难和不幸的"扫帚星"("登九天兮抚彗星"),她手中挺着长剑而保护着幼弱的孩子("竦长剑兮拥幼艾"),所以诗人歌颂她最宜为人民作主("荪独宜兮为民正")。此外《九歌·东君》中也有太阳神"举长矢兮射天狼"的描

---

① 矫:举。美人:指怀王。
② 纯:常也。"不纯命"就是说天命无常。
③ 震:震动。愆:罪。"震愆"意思是指人民遭受苦难。

写,因为"天狼"是一个恶星,所以诗人要让太阳神来把它射落,以免它为害于人间。这些描写都说明诗人希望为人民诛恶除暴,谋求幸福,这在实际上也符合人民群众自身的生活愿望。《九歌》中还有一篇《国殇》,是追祭阵亡将士的诗歌,其中的一段写道:

> 援玉枹兮击鸣鼓,天时怼兮威灵怒。
> 严杀尽兮弃原野。
> 出不入兮往不反,平原忽兮路超远。
> 带长剑兮挟秦弓,首身离兮心不惩。
> 诚既勇兮又以武,终刚强兮不可凌。
> 身既死兮神以灵,魂魄毅兮为鬼雄。

译文如下:

举起玉槌打着响亮的战鼓,真是惊天动地,鬼神也都在愤怒。一场惨烈的战斗,将士们都被杀光,尸首遗弃在原野的战场上。既上了战场,就抱定必死的决心,有进无退。旷野是如此辽阔,道路是如此遥远。战士们腰间带着长剑,手里拿着良弓,纵然身首分离,但心里决不后悔。战士们啊!你们真勇敢、真威武啊,到底是坚强不屈,不可侵犯的好汉啊!你们虽然牺牲了,精神却永远不死;你们这坚强的魂魄啊!虽然战死了,也算是鬼中的英雄啊!

在这里,诗人对英勇的战士感到多么自豪!对他们为国捐躯的崇高行为表现了多么深的敬爱!所以《九歌·国殇》是一篇具有强烈的爱国主义精神的作品。

由于屈原关心国家命运,又热爱本国乡土,因此即使在他自己屡遭挫折,一再放逐,毫无希望实现自己的理想和主张的时候,他也不忍离开楚国。我们知道,从春秋以来,楚材晋用原是极平常的事。一个有才能的人在本国不能实现自己的抱负,却可以到别国去寻求出路,例如在秦国的发展过程中,商鞅、范雎、张仪等人曾起过不小的作用,这些人就都是秦国的客卿。① 但屈原却和这些人不同,尽管个人遭到种种的不幸,他始终不肯离开自己的楚国。在屈原作品中我们看到,他不仅忠于国家,就是对楚国的乡土山川、风物人情乃至一草一木,也都有无比深厚的感情。因此在放逐中远离国都,他就感到特别痛心,但也没有一刻忘记要回返故都。例如《九章·哀郢》中写道:

去故乡而就远兮,遵江夏以流亡。

---

① 商鞅是卫人,范雎、张仪都是魏人。

出国门而轸怀兮[①],甲之鼂吾以行。

……

望长楸[②]而太息兮,涕淫淫其若霰。

过夏首[③]而西浮兮,顾龙门[④]而不见。

……

去终古之所居兮,今逍遥而来东。

羌灵魂之欲归兮,何须臾而忘反。

……

曾不知夏[⑤]之为丘兮,孰两东门[⑥]之可芜!

……

惟郢路之辽远兮,江与夏之不可涉。

忽若不信兮,至今九年而不复!

……

鸟飞反故乡兮,狐死必首丘。

---

① 轸:沉痛。怀:指心情。
② 楸:梓树。
③ 夏首:夏水口。
④ 龙门:楚郢都的东门。
⑤ 夏:旧说为厦之假借字,指楚的宫殿。
⑥ 两东门:郢都的城门。

在流放生活中,这种眷念楚国、不忘欲返的痛苦心情,深深地折磨着他,使他夜里也不能入睡。下面是《九章·抽思》中的几句话,还是在他初放时写的,痛苦的心情就已十分强烈:

> 望孟夏之短夜兮,何晦明之若岁。
> 惟郢路之辽远兮,魂一夕而九逝。
> 曾不知路之曲直兮,南指月与列星。
> 愿径逝而不得兮,魂识路之营营。

初夏的夜是很短的,但诗人却感到夜长如年;他思念着故都,一夜之间在梦魂中返回九次。在楚国的原野上,他的灵魂依着星月所指的方向,寻找着归郢的道路。正因为他的爱国主义感情是这样的深厚,所以当他斗争失败,到了完全绝望的时候,他也只能以身殉国。《离骚》最后一段当他幻想漫游太空,而望见了楚国的时候,便再也不忍离去,只能极端激愤地说:"已矣哉!国无人莫我知兮,又何怀乎故都?既莫足与为美政兮,吾将从彭咸之所居!"这些话一方面表现了对昏君佞臣的极度怨愤,另一方面则从言辞到行动都表现了崇高的爱国主义精神。

屈原作品的思想内容是丰富复杂的,它们给予后代人的积极影响也是多方面的，以上我们只是叙述了关于屈原作品思想内容的几个主要之点。在今天看来，虽然屈原的时代以及他的斗争都早已成为历史的陈迹，但他那种崇高的爱国思想和坚贞不屈的战斗精神，对我们还是有一定的教育意义的。

第二节　屈原作品的艺术成就

屈原在艺术上是一位富于创造性的诗人，他的创作给我国的文学宝库提供了许多宝贵的经验。以下我想分三个方面来谈谈这个问题。

第一，屈原作品富于奔放热烈的感情、优美新奇的幻想，同时还常常吸收神话传说的素材，因而在艺术表现手法上就带有浓厚的浪漫主义色彩。如《离骚》第二大段，在向重华陈词之后，诗人便幻想自己驾龙御凤乘风上天。他一早从苍梧出发，傍晚时来到了昆仑山上的县圃。他看到"日忽忽其将暮"，便命令太阳的御者羲和按辔徐行，不要迫近日落的地方——崦嵫山，自己则继续上下求索。这时望舒（月御）、飞廉（风伯）前呼后拥，鸾皇、雷师奔走相随，飘风、云霓全来欢迎。接着便是叩阍求女的失败。这一段通过幻想所创造的境界是非常宏伟壮丽的，它反映了诗人在现实中的探索与追求，以及这种种努力的失败。因此在那诚心诚意叩阍以及想方设法求女中，都使人感到有一腔热烈的感情洋溢于字里行间。又如第三大段中屈原想象自己去国远逝，他把幻想中的行程和仪仗描写得浩浩荡荡，有声有色：

> 邅①吾道夫昆仑兮，路修远以周流。
> 扬云霓之晻蔼②兮，鸣玉鸾之啾啾。
> 朝发轫于天津③兮，夕余至乎西极。
> 凤皇翼其承旗兮，高翱翔之翼翼。
> 忽吾行此流沙兮，遵赤水而容与④。
> 麾蛟龙使梁津兮⑤，诏西皇使涉予⑥。
> 路修远以多艰兮，腾众车使径待。
> 路不周以左转兮，指西海以为期。

---

① 邅：回转。
② 晻蔼：云气蓊郁貌。
③ 天津：天河。以下的"不周""西海"等都是神话中的地名。
④ 容与：安闲自在。
⑤ 这句说，命令蛟龙作为赤水的桥梁。
⑥ 西皇：即古帝少皞。涉：渡。

屯余车其千乘兮,齐玉轪①而并驰。

驾八龙之婉婉兮,载云旗之委蛇。

抑志而弭节兮②,神高驰之邈邈。

奏九歌而舞韶兮③,聊假日以偷乐。

这是神游天上的情景,正因为在想象中离开现实的楚国如此之远,所以当他望见故乡终于不忍离去时,我们就愈感到他的爱国主义感情的深厚。当我们读过了第二大段中上天叩阍的描写再来读这一段,便不能不惊叹诗人想象力的丰富。这两段都是神游天上的描写,但景物、气氛又是多么不同。在《离骚》的这些段落中,奔放的想象是一浪高似一浪的,壮丽的形象是层出不穷的,因此把读者的观感不断引入新的天地,使我们的心情无法平静,胸襟也顿觉开阔。这就是屈原运用浪漫主义手法所取得的艺术效果。我们再看《招魂》中所描写的各种新奇诡异的东西,如"长人千仞""十日代出""雄虺(巨蛇)九首""赤蚁若象,玄蜂若壶""虎豹九关""一夫九首,拔木九千""豺狼从(纵)目""土伯九约(土伯之身九曲),其角觺觺些。敦脄血拇,

---

① 轪:车轮。

② 抑志:放下旗帜。弭节:按辔徐行。

③ 九歌、韶:古乐歌名。

逐人驳驳些。参（三）目虎首，其身若牛些"等，也无不是幻想的产物。描写上下四方这些可怕的怪物是为了警告灵魂不要乱跑，一定要返回繁华幸福的故乡。诗人描写四方的可怕与故乡的可爱都用了极其夸张的手法，在形象上造成鲜明的对比，这样，就大大地加强了动人的艺术效果。想象与夸张的手法，在屈原以前的诗歌中当然也已有所表现，但通过屈原的独特创造，这种手法便得到极大的发展，成为一种比较成熟的积极浪漫主义因素，它显示出诗人鲜明的艺术个性，同时也更为有效地扩展了诗歌的表现能力。

屈原作品中大量地运用了神话传说的材料，这也是构成浪漫主义色彩的一种成分。例如《天问》中提到许多神话片段，这在前面介绍《天问》时已经作过叙述，这里不再重复。而《离骚》中的羲和、望舒、飞廉、雷师、丰隆、宓妃、蹇修等，也都是神话中的人物；县圃、崦嵫、咸池、白水、阆风、春宫、穷石、洧盘、天津、西极、流沙、赤水、不周、西海等，则全是神话中的地名；此外还有许多神话中的动物、植物。但屈原运用这些神话的素材，和后世辞赋骈文中的隶事用典有很大的不同。因为他主要从神话传说中汲取丰富的形象，通过自己奔放不羁的想象把它们组织在一起，构成了层出不穷的生动情节和美丽画面。所以他运用神话传说的素材而又不受它的拘束，相反地使它服从于新的主题,成为结构完整的艺术作品。关于这一点,《离骚》中的叩阍求女一段就是最好的例证,因为在这一段中出现的众多的神话人物都没有僵化为"典故",而是作为活生生的形象参与着诗人神游天国的活动。这说明诗人已通过一番自由的想象把原有的神话素材结撰成新的情节,并使它服从于一个总的抒情主题,成为《离骚》完整的艺术结构中的一个有机部分。另外,我们还可以举《九歌》中的《湘君》《湘夫人》为例。这两篇作品最初是和舜与娥皇、女英的传说有关的。据说舜南巡,死在苍梧之野,他的两个妃子娥皇、女英就投入湘水而死。这个动人的传说深入人心,南方人民就把他们和湘水的神灵比附为一体,成为一对湘水的配偶神。《九歌》中的《湘君》《湘夫人》一方面仍然保存着浓重的神话色彩;另一方面,主人公的形象却已有了很大的发展,情节的描写也更加新鲜而具体。旧的神话人物已经和湘水、洞庭的自然景色结合起来,成为更富于诗情画意的艺术形象,只是诗中的悲剧气氛仍和旧的传说有一脉相通的地方。从这里我们就可以看出,从舜和二妃的传说到《湘君》《湘夫人》这两篇诗歌,其间已经历过一个艺术创造的过程,这个过程就是由《九歌》的民间作者和诗人屈原来完成的。在我国古代诗歌中,运用舜和二妃作为典故的不知有多少,但像《湘君》《湘夫人》

这样创造出新的意境的,却实在非常少见。《九歌》中还有《大司命》《少司命》《东君》《河伯》《山鬼》等作品,其中神鬼的形象也都经过诗人精心的创造,他们的仪表、装饰、性格、感情以至于环境气氛都无不适合各自的身份。例如山鬼的形象是:

> 若有人兮山之阿①,被薜荔兮带女萝。
> 既含睇②兮又宜笑,子慕予兮善窈窕。
> 乘赤豹兮从文狸,辛夷车兮结桂旗;
> 被石兰兮带杜衡,折芳馨兮遗所思。
> 余处幽篁兮终不见天,路险难兮独后来。

楚人祀山鬼,想必也有一些传说为根据,但创造出这样新奇美丽的形象,却只有归功于民间作者和诗人屈原的创作天才了。

第二,屈原常常运用比兴的手法来抒发内心的感情并反映客观现实的矛盾。比兴的手法早在《诗经》中就已广泛地运用。例如唐代大诗人白居易在他著名的《与元九书》

---

① 阿:山曲。
② 含睇:含情脉脉貌。

中说："风雪花草之物,《三百篇》中岂舍之乎？顾所用何如耳。设如'北风其凉',假风以刺威虐也；'雨雪霏霏',因雪以愍征役也；'棠棣之华',感华以讽兄弟也；'采采芣苢',美草以乐有子也。皆兴发于此,而义归于彼。反是者,可乎哉！"在这里白居易所指出的《诗经》中的比兴作风,大体上说是正确的；尤其他把比兴寄托肯定为面向现实的优良作风,是更值得我们注意的。在屈原作品中,这种优良的作风不但得到继承,而且应用得更为广泛。这一点王逸在《楚辞章句》中早已指出,他说："《离骚》之文,依诗取兴,引类譬谕。故善鸟香草,以配忠贞；恶禽臭物,以比谗佞；灵修美人,以媲于君；宓妃佚女,以譬贤臣；虬龙鸾凤,以托君子；飘风云霓,以为小人。"所说的虽未必完全准确,但指出屈原作品的比兴作风是很有见地的。以下我们还可以通过一些具体的例子来说明这个问题：

屈原常常以撷采芳物比及时自修：

> 朝搴阰之木兰兮①,夕揽洲之宿莽。

以饮食芳洁比人格高尚：

---

① 搴：取。阰：小丘。

> 朝饮木兰之坠露兮,夕餐秋菊之落英。

以服饰精美比志行芳洁:

> 制芰荷以为衣兮,集芙蓉以为裳。
> 不吾知其亦已兮,苟余情其信①芳。
> 高余冠之岌岌兮,长余佩之陆离②。
> 芳与泽其杂糅兮③,唯昭质④其犹未亏。

以栽培香草比延揽人才:

> 余既滋兰之九畹兮,又树蕙之百亩。
> 畦留夷与揭车兮,杂杜衡与芳芷。
> 冀枝叶之峻茂兮,愿俟时乎吾将刈。

以众芳芜秽比好人变坏:

---

① 信:实。
② 陆离:长貌。一说参差不齐貌,一说光怪陆离之意。
③ 芳:言衣裳芳洁。泽:言玉佩润泽。
④ 昭质:明洁之质。

兰芷变而不芳兮,荃蕙化而为茅。
何昔日之芳草兮,今直为此萧艾也!

以善鸟恶禽比忠奸异类:

吾令鸩为媒兮,鸩告余以不好。
雄鸠之鸣逝兮,余犹恶其佻巧。
心犹豫而狐疑兮,欲自适而不可。
凤皇既受诒①兮,恐高辛之先我。

以车马驾驶比用贤为治:

乘骐骥以驰骋兮,来吾道夫先路!

以路径正邪比为政之道:

彼尧舜之耿介兮,既遵道而得路;
何桀纣之猖披②兮,夫唯捷径以窘步。

---

① 诒:通贻。
② 猖披:即裮被,衣不系带的样子,比作放肆不谨。

以车马迷途比惆怅失志：

> 悔相道之不察兮，延伫乎吾将反；
> 回朕车以复路兮，及行迷之未远。

以规矩绳墨比法度纪纲：

> 固时俗之工巧兮，偭规矩而改错。
> 背绳墨以追曲兮，竞周容以为度。（以上均见《离骚》）

在比兴手法的运用中，最值得我们注意的还在于诗人形象的自我塑造。例如江离、辟芷、木兰、宿莽、木根结茝、菌桂纫蕙以及荷衣蓉裳、高冠长佩，这一切都被诗人用来象征自己芳洁坚贞的品德。尤其通过《九章·涉江》中的一段描写："余幼好此奇服兮，年既老而不衰。带长铗之陆离兮，冠切云之崔嵬。被明月兮珮宝璐。世溷浊而莫余知兮，吾方高驰而不顾。驾青虬兮骖白螭，吾与重华游兮瑶之圃。登昆仑兮食玉英，与天地兮同寿，与日月兮同光。"在我们面前顿时出现一个崇高伟大的诗人形象。

屈原作品中运用比兴手法，还有一个必须注意的特点，那就是常常用女子失恋的口气来比喻自己被谗见疏的不幸遭遇。例如《九章·抽思》说："昔君与我成言兮，曰黄昏以为期。羌中道而回畔兮，反既有此他志。"《离骚》也说："初既与余成言兮，后悔遁而有他。"据说，古时行结婚礼是在黄昏时候。屈原追述怀王最初信任他，同他有"结婚的诺言"（成言）。后来变卦了，不信任他了，也就等于女子被人遗弃一样。我们再看，屈原作品中美人香草的言辞特别多，如常常说用各种鲜花香草来作装饰，以比喻自己的芳洁，这也就是他以女性自比的缘故。此外又有许多同女子求爱的心情有关的话，如说："众女嫉余之蛾眉兮，谣诼谓余以善淫。"（《离骚》）"妒佳冶之芬芳兮，嫫母姣而自好；虽有西施之美容兮，谗妒入以自代。"（《九章·惜往日》）——这是说自己容貌美好，遭人嫉妒。又如："苟中情其好修兮，又何必用夫行媒。"（《离骚》）"路远处幽，又无行媒兮。"（《九章·抽思》）"媒绝路阻兮，言不可结而诒。"（《九章·思美人》）——这是说自己见弃，希望有人为媒介，通于君侧。以上这些言辞，倘若我们不了解诗人是以一个失恋的女子自比，就会感到不可理解了。

用比兴手法来反映现实矛盾、抒发内心感情，从效果上说，可以避免直率浅露，达到婉转而深入的目的。所以《史记·屈原贾生列传》称《离骚》"其文约，其辞微，其志洁,其行廉。其称文小而其指极大,举类迩而见义远"。①这些话是可以帮助我们了解比兴手法的作用的。我们看屈原的作品,尤其是《离骚》和《九章》,政治性是很强烈的,也就是说它们所反映的矛盾是重大而深刻的,但在这些诗中却并没有概念化的词句口号,因为诗人很善于将各种对立的事物表现在美与丑的不同形象中,使人通过具体的形象产生感情上的爱憎,从而受到教育与感染。而从比兴手法运用的广度以及表达微意的鲜明程度来说,我们觉得屈原的作品比之《诗经》是大有发展的。

第三,屈原作品的出现是诗歌的语言形式上一次巨大的变革和发展。我们看《诗经》中的作品,虽然也有句子长短的变化,但基本上以四言为主。而屈原在学习南方民歌的基础上所创造的"骚体",不但总的说来句子加长了,而且应用起来错落变化,非常灵活,这就根本突破了四言的旧形式,成为一种更富于表现能力的新诗体。另外"兮"的用法也极其灵活,有的放在句末,有的放在句中;有的隔句一用,有的每句都用。这样就可以造成各种不同的语气,适合于表达各种不同的情绪与气氛。例如《离骚》中的"兮"字放在句末而且隔句一用,因此句子吟诵起来必

---

① 据班固说这是淮南王刘安《离骚传》的话。

然是长短相间，这就适合于感叹抒愤的语气。《九歌》中的"兮"放在句中而且每句都用，因此各句的语气缓慢而匀平，完全适合于祭祀仪典隆重庄严的气氛。至于《天问》一篇，根本不用"兮"字，而且基本上是四个字一句，这样的形式节奏紧促，言辞径直，适合于提出各种问题，进行质询的语气。因此屈原作品的形式是多样的，这也是他在艺术上富于创造性的一种表现。

屈原的作品基本上都是抒情诗，但其中却包含着叙事的甚至说理的成分。例如《离骚》一开头，诗人首先叙述自己的世系、祖考、生辰和名字，接着又叙述自己的德性、才能和努力自修的过程。《九章》有些篇章对于放逐的时、地也作了不少的叙述。这些叙事的成分交织在抒情诗中，不仅没有生硬不协调的现象，而且使得一种感情的起伏变得更加合乎逻辑，使人体会到产生这种感情的深刻根源以及它的具体经过。

叙事成分的进一步发展，更使屈原的抒情诗中有了故事性的成分。例如《离骚》中屈原听了女嬃的责备，便幻想到古帝重华那里去陈诉，得到了重华的肯定就又幻想到天上去叩阍，阍人不应又继之以求女。接下来又是灵氛卜卦，巫咸降神，然后方是去国远游的幻想。这些都是带有连贯性的情节，因而自然形成了一个热闹的故事，大大增加了作品的魅力。

至于说理的句子虽然用得较少,但在某些关键的地方偶一出现却显得相当有力。例如屈原向重华陈辞,在历述三代兴亡之迹以后,接着说:

> 皇天无私阿[①]兮,览民德焉错辅[②]。
> 夫维圣哲以茂行兮,苟得用此下土。
> 瞻前而顾后兮,相观民之计极。
> 夫孰非义而可用兮,孰非善而可服!

这些斩钉截铁的论断,充分显示了屈原对自己的进步理想抱有何等执着的感情。此外像《离骚》的"何方圜之能周兮,夫孰异道而相安",《九章·抽思》的"善不由外来兮,名不可以虚作;孰无施而有报兮,孰不实而有获"等,也都在明确的语句中显示着深刻的真理,使人不仅为诗人抒发的感情所激动,也为他充分的理由所折服。

正因为屈原作品除了抒情之外又将叙事、说理的成分创造性地融合进来,所以他便在文学史上首先创造了那种

---

① 阿:犹私。

② 错辅:安置和辅助。

篇幅阔大、气势雄浑的诗歌作品，这种作品和《诗经》中常常采用的章节复沓的形式相比，是各有所长的。我们既不否认章节复沓是一种优美的诗歌形式，也不否认奔放热烈、滔滔不绝的鸿篇巨制是诗歌形式上一种新的开辟。它们各自适合于诗人所要表达的内容，也各自给后代作者以有益的借鉴，使他们在诗歌创作领域中可以找到无比宽阔的道路。

此外，屈原作品中还常常运用繁盛的铺叙与华丽的辞藻，来增加作品的声色和文采，这也是诗歌上的一个特点。但是这一点我们准备留到下一节谈屈原作品对辞赋骈文的影响时再作具体的叙述。

第三节　屈原作品对后世文学的影响

屈原的作品在我国文学史上有其崇高的地位，试看汉代的淮南王刘安在《离骚传》中就已经说过这样的话："《国风》好色而不淫，《小雅》怨诽而不乱，若《离骚》者，可谓兼之矣。……推此志也，虽与日月争光可也。"这段话又被司马迁引来评价屈原的作品，所以后代的人常常把"风""骚"并称。《诗经》和《楚辞》不仅在表现方法上分别给后世提供了现实主义和积极浪漫主义的丰富经验，更重要的是反映在作品中的那种关心人民、关心现实的创作态度，已经成为后代进步诗人所学习的榜样。唐代的伟大诗人李白在《江上吟》中说："屈平词赋悬日月，楚王台榭空山丘。"这分明指出屈原在创作上的辉煌成就是不朽的。伟大的诗人杜甫在他著名的《戏为六绝句》中也说："不薄今人爱古人，清词丽句必为邻。窃攀屈宋宜方驾，恐与齐梁作后尘。"这就是说，屈原的艺术成就虽然必须学习，但更重要的是要具有他那样的思想内容，否则一味地追求清词丽句就必然要步入齐梁形式主义诗风的后尘了。

屈原作品对后世所产生的最深远的影响在于它的爱国主义思想。诗人一生为了国家的命运坚持斗争，最后投水自沉，以身殉国。在今天，我们是不认同这种自杀行为的；但在当时，诗人认为只能选择这条道路。他的死，在历史上也产生过一定的影响。在屈原以后，许多优秀诗人都写出了激动人心的爱国主义诗篇。尤其是每当国家民族危机的时候，屈原的为人和他的作品对人们的精神感召就更加明显。文人学者们或是写诗凭吊屈原的遗迹，或是为屈原的作品作注解，都表达了他们对诗人的向往和自己坚贞不屈的意志。

关于屈原作品对后世文学创作的巨大影响，早在刘勰的《文心雕龙·辨骚》中就已有所论述：

……枚贾追风以入丽,马扬沿波而得奇。其衣被词人,非一代也。故才高者菀其鸿裁,中巧者猎其艳辞,吟讽者衔其山川,童蒙者拾其香草。

这些话概括地说明了屈原以后的作家,枚乘、贾谊、司马相如、扬雄,无不从他的作品中取得宝贵的养料。以下我想具体地来谈谈这个问题。

首先,屈原作品对辞赋的发展有直接的影响。因为从内容上看,辞赋旨归于讽谏,这是起源于《楚辞》的。《楚辞》的主要篇章如《离骚》《九章》等都反复陈述兴亡盛衰之迹,是非祸福之道,具有极其鲜明的讽谏意义。后来的辞赋家主观上往往将这一种用意采入自己的作品。而像汉赋那样在客观上带有明显的宫廷文学色彩的作品,主要为最高统治者服务,它的绝大部分内容都在铺叙统治阶级奢侈荒淫的生活;只在结尾的地方揭示出规讽的意旨,实际上这种公式的结尾不但软弱无力,起不了什么好作用,而且还会起反作用。因此,辞赋家似乎在取法《楚辞》规讽的意旨,写出来却是"劝百讽一"的作品。但辞赋中铺张扬厉的作风却确实滥觞于《楚辞》中的《招魂》《大招》等篇。例如《招魂》中竭力铺叙楚国本土生活的富足欢乐:宫室则有"高堂邃宇""层台累榭";陈设则有"翡翠珠被""蒻阿拂壁";饮食则有"胹鳖炮羔""鹄酸臇凫";女乐则有"姱容修态""蛾眉曼睩";歌舞则有"涉江采菱""吴歈蔡讴";博弈则有"菎蔽象棋""分曹并进"等。这种铺叙作风的进一步发展,就形成了汉赋铺张扬厉的特点。再从形式上看,明徐师曾《文体明辨》将辞赋分为四体:(一)古赋(即骚体赋);(二)俳赋(即不纯粹的骈体赋);(三)文赋(即散体赋);(四)律赋(即纯粹的骈体赋)。从形式的发展上来看,俳赋实出于古赋,律赋又出于俳赋,推寻渊源,都是从《楚辞》一脉相传而来的。至于后来辞赋的种种格局,如起首托为问答或故事,中间用歌词,篇末用"讶"或"系"等,也无一不是从《楚辞》发展出来的。再从音韵上看,后世辞赋家往往喜欢用"联绵字",这也是受了《楚辞》的影响。例如《离骚》中的"耿介""謇謇""冉冉""郁邑""岌岌""芳菲菲""歔欷""逍遥""相羊""周流""啾啾"等字,《九章·悲回风》中的"穆眇眇""莽芒芒""邈漫漫""缥绵绵""愁悄悄""翩冥冥"等字,《九辩》中的"抟抟""湛湛""习习""阗阗""锵锵""委蛇"等字,对于作品的音调节奏的确很有关系。后来许多辞赋家便照样模仿起来。赋中联绵字用得更多:或重言,或双声,或叠韵;或一句双声,一句叠韵,错杂相间。自此以后,这一点竟成为辞赋中重要的特色了。

其次,谈一谈《楚辞》与骈俪文的关系。骈俪文并不是诗,然而它与《楚辞》的关系反而比它与先秦散文的关系更深些。因为先秦散文中虽也有排偶的句子,但大抵质朴而无华彩;而在《楚辞》中我们却看到许多辞藻华丽、对偶工整的句子,而且具备各种对句的形式。第一种形式如:

朝饮木兰之坠露兮,夕餐秋菊之落英。

制芰荷以为衣兮,集芙蓉以为裳。(以上《离骚》)

采薜荔兮水中,搴芙蓉兮木末。
心不同兮媒劳,恩不甚兮轻绝。

朝骋骛兮江皋,夕弭节兮北渚。
鸟次①兮屋上,水周②兮堂下。(以上《九歌·湘君》)

---

① 次:住宿。

② 周:环绕。

麋何食兮庭中？蛟何为兮水裔^①？

捐余袂兮江中^②，遗余褋^③兮澧浦。（以上《九歌·湘夫人》）

令飘风兮先驱，使涷雨兮洒尘。（《九歌·大司命》）

这一种形式就是刘勰所说的"言对"^④。刘勰还说"言对为美，贵在精巧"。可见"言对"的特点是要求词句华丽，对仗巧妙。上面所引的《楚辞》例句就完全符合这一要求。

再看第二种形式的对句：

吕望之鼓刀兮^⑤，遭周文而得举。

---

① 水裔：水边。
② 捐：抛弃。袂：衣袖。
③ 褋：单衣。
④ 见《文心雕龙·丽辞》。
⑤ 相传吕望在未遇周文王以前，曾经做过屠户。

宁戚①之讴歌兮,齐桓闻以该辅。(《离骚》)

这便是刘勰所说的"事对",指上下句中所用的典故相对。

还有第三种形式的对句:

蕙肴蒸兮兰藉,奠桂酒兮椒浆。(《九歌·东皇太一》)

这便是洪迈所说的"当句对"。他说:"唐人诗文或于一句中自成对偶,谓之'当句对',盖起于《楚辞》'蕙烝兰藉''桂酒椒浆''桂櫂兰枻''斫冰积雪'。"(《容斋随笔》)由此可见,《楚辞》中大体已具备各种对句的形式,这对后世骈俪文的产生和发展曾起过相当大的影响。

以上所说的是屈原作品对后世文体发展的影响。但是屈原作品对后代诗人所产生的更为深远的影响还在于他那比兴寄托的手法,这种手法在我国文学创作中运用是最为普遍的。例如后世以女性作为题材的诗篇,如张衡的《四

---

① 宁戚:春秋时人,曾饲牛车下,唱着歌,为齐桓公所闻,召见,授以大夫的官职。

愁诗》,曹植的《美女篇》,繁钦的《定情诗》,阮籍《咏怀》中的"二妃游江滨""西方有佳人",王维的《西施咏》,杜甫的《佳人》,孟郊的《烈女操》,张籍的《节妇吟》等,往往通过对女性的描写寄托着诗人自己的情怀。又如许多的咏物诗,如朱穆的《与刘伯宗绝交诗》,蔡邕的《翠鸟诗》,陶渊明的《归鸟》和《饮酒》中的"栖栖失群鸟""青松在东园",骆宾王的《在狱咏蝉》,李白的《古风·孤兰生幽园》,韩愈的《双鸟诗》等,也往往托物寄兴,曲折地表达了诗人们不同的思想情绪。以上这些诗篇的表现手法,实际上都与屈原作品中美人香草的比兴寄托有着极深的血缘关系。除此以外,在辞赋、散文、词曲等各种体裁的文学作品中也常常可以看到类似的作风。因此比兴寄托已经成为我国文学创作中的传统的表现手法。可见屈原作品对后世文学的影响是难以估量的。

附录一

秦孝公元年至六国灭亡一百四十年间大事表

公元纪年	前361年	前360年	前359年	前358年	前357年	前356年
周	周显王八年	九年	十年	十一年	十二年	十三年
秦	秦孝公元年,下令求贤。	二年,天子致胙①。	三年,定变法之令。	四年	五年	六年,以商鞅为左庶长②。
魏	魏惠王十年	十一年	十二年	十三年	十四年	十五年
韩	韩昭侯二年	三年	四年	五年	六年	七年
赵	赵成侯十四年	十五年	十六年	十七年	十八年	十九年
齐	齐桓公十五年	十六年	十七年	十八年	齐威王元年	二年
楚	楚宣王九年	十年	十一年	十二年	十三年	十四年
燕	燕文公元年	二年	三年	四年	五年	六年

---

① 致胙（zuò）：祭祀后，君王、诸侯间互赠祭肉，以示礼节。
② 左庶长：秦国的四种庶长（大庶长、右庶长、左庶长、驷车庶长）之一，既是爵位，又是官职，是非王族大臣中最有实权的职务。

续表

公元纪年	前355年	前354年	前353年	前352年	前351年	前350年
周	十四年	十五年	十六年	十七年	十八年	十九年
秦	七年,与魏惠王会于杜平。①	八年,与魏战于元里,取少梁。②	九年	十年,商鞅为大良造,将兵围魏安邑,降之。④	十一年,商鞅围魏固阳⑤,降之。	十二年
魏	十六年,与秦孝公会于杜平。	十七年,秦取我少梁。	十八年,齐败我于桂陵。③	十九年	二十年	二十一年
韩	八年	九年	十年	十一年	十二年	十三年
赵	二十年	二十一年,魏围邯郸,告急于齐。	二十二年	二十三年	二十四年	二十五年
齐	三年,与魏会田于郊。	四年	五年,救赵,攻魏桂陵。	六年	七年	八年
楚	十五年	十六年	十七年	十八年	十九年	二十年
燕	七年	八年	九年	十年	十一年	十二年

① 杜平:在今陕西省澄城东。
② 元里:在今陕西省澄城县南。少梁:在今陕西省韩城市西南。
③ 桂陵:在今河南省长垣市西北,一说在今山东省菏泽市牡丹区东北。
④ 大良造:秦孝公时期至秦灭六国前秦国内最高爵位,总揽军政大权。
安邑:在今山西省运城市。
⑤ 固阳:在今陕西省延安市东。

续表

公元纪年	前349年	前348年	前347年	前346年	前345年	前344年
周	二十年	二十一年	二十二年	二十三年	二十四年	二十五年
秦	十三年	十四年	十五年	十六年	十七年	十八年
魏	二十二年	二十三年	二十四年	二十五年	二十六年	二十七年
韩	十四年	十五年	十六年	十七年	十八年	十九年
赵	赵肃侯元年	二年	三年	四年	五年	六年
齐	九年	十年	十一年	十二年	十三年	十四年
楚	二十一年	二十二年	二十三年	二十四年	二十五年	二十六年
燕	十三年	十四年	十五年	十六年	十七年	十八年

续表

公元纪年	前343年	前342年	前341年	前340年	前339年
周	二十六年	二十七年	二十八年	二十九年	三十年
秦	十九年，天子致伯①。	二十年，诸侯毕贺。会诸侯于蓬泽②，朝天子。	二十一年	二十二年，商鞅击魏，虏魏公子卬④。封鞅为列侯，号商君。	二十三年
魏	二十八年	二十九年	三十年，齐败我于马陵③，太子申被虏，庞涓被杀。	三十一年，伐韩。	三十二年
韩	二十年	二十一年	二十二年	二十三年	二十四年
赵	七年	八年	九年	十年	十一年
齐	十五年	十六年	十七年，败魏于马陵。	十八年，伐魏以救韩，魏师大败。	十九年
楚	二十七年，屈原生。	二十八年	二十九年	三十年	楚威王元年
燕	十九年	二十年	二十一年	二十二年	二十三年

① 天子致伯：周天子认可其在诸侯中的霸主地位。

② 蓬泽：在今河南省开封市东南。

③ 马陵：在今山东省莘县大张家镇马陵村。

④ 公子卬（áng）：魏昂，战国时期魏国的王族公子，魏惠王之弟。

续表

公元纪年	前338年	前337年	前336年	前335年	前334年
周	三十一年	三十二年	三十三年	三十四年	三十五年
秦	二十四年，与魏战岸门①，虏其将魏错。孝公卒，子惠文君立，诛商鞅。	秦惠文王元年，楚、韩、赵、蜀来朝。	二年，天子致贺。	三年，拔韩宜阳②。	四年，天子致文武胙③。
魏	三十三年，秦败我于岸门。	三十四年	三十五年	三十六年	魏惠王后元④元年
韩	二十五年	二十六年	二十七年	二十八年	二十九年
赵	十二年	十三年	十四年	十五年	十六年
齐	二十年	二十一年	二十二年	二十三年	二十四年
楚	二年	三年	四年	五年	六年
燕	二十四年	二十五年	二十六年	二十七年	二十八年，苏秦来说。

① 岸门：在今山西省河津市南。

② 宜阳：在今河南省宜阳县。

③ 文武胙：指周祭祀周文王、周武王的祭肉。

④ 后元：纪年方法，战国后期，魏国国君魏惠王和秦国国君秦惠文王曾因故改元，称为后元。

续表

公元纪年	前333年	前332年	前331年	前330年	前329年
周	三十六年	三十七年	三十八年	三十九年	四十年
秦	五年,犀首①为大良造。	六年,魏以阴晋②为和,命曰宁秦。	七年,公子卬与魏战,虏其将龙贾③。	八年,魏入少梁、河西地于我。	九年,取汾阴、皮氏,围焦,降之。④
魏	二年	三年	四年,败于秦。	五年	六年,与秦会于应⑤。
韩	三十年	韩宣惠王元年	二年	三年	四年
赵	十七年	十八年	十九年	二十年	二十一年
齐	二十五年	二十六年	二十七年	二十八年	二十九年
楚	七年	八年	九年	十年	十一年
燕	二十九年	燕易王元年	二年	三年	四年

① 犀首:即公孙衍,纵横学派的代表人物之一。其人用兵如鬼,征战如电,奔袭如火,故有"犀首"之称。

② 阴晋:在今陕西省华阴市东。

③ 龙贾:战国时魏将。曾率师筑长城于西边以备秦。雕阴之战败于秦军。

④ 汾阴:在今山西省运城市万荣县。皮氏:在今山西省河津市。焦:焦城,在今河南省陕州区老城东北侧。

⑤ 应:应城,在今河南省鲁山县东。

续表

公元纪年	前328年	前327年	前326年	前325年	前324年
周	四十一年	四十二年	四十三年	四十四年	四十五年
秦	十年,张仪①相。公子桑围蒲阳②,降之。	十一年,归魏焦、曲沃④。义渠君⑤为臣。	十二年	十三年四月,秦惠文王称王。	秦惠文王后元元年,张仪将兵取陕。⑥
魏	七年,纳上郡③十五县于秦。	八年	九年	十年	十一年
韩	五年	六年	七年	八年	九年
赵	二十二年	二十三年	二十四年	赵武灵王元年	二年
齐	三十年	三十一年	三十二年	三十三年	三十四年
楚	楚怀王元年	二年	三年	四年	五年
燕	五年	六年	七年	八年	九年

---

① 张仪：魏国安邑（今山西省运城市）人，战国时期政治家、外交家、纵横家。

② 蒲阳：在今河南省长垣市。

③ 上郡：大概包括今陕西省西北部及内蒙古自治区鄂尔多斯旗左翼。

④ 曲沃：在今山西省临汾市。

⑤ 义渠君：义渠国的国君。义渠民族从商代武乙年间建部落方国算起，至秦昭襄王时期存在800余年，其中在庆阳（今甘肃省庆阳市）建立奴隶制郡国达500年之久，经历国君数十人。前272年，义渠国为秦昭襄王所灭。

⑥ 前325年，秦惠文王于龙门称王，次年改元，史称后元。陕：今河南省陕州区。

续表

公元纪年	前323年	前322年	前321年	前320年	前319年	前318年
周	四十六年	四十七年	四十八年	周慎靓王元年	二年	三年
秦	二年，张仪与齐、楚大臣会于啮桑①。	三年，张仪免相。韩、魏太子来朝。	四年	五年	六年	七年，五国共击秦，不胜而还。
魏	十二年	十三年，张仪来相，秦取我曲沃、平周②。	十四年	十五年	十六年	魏襄王元年，击秦不胜。
韩	十年	十一年	十二年	十三年	十四年	十五年，击秦不胜。
赵	三年	四年	五年	六年	七年	八年，击秦不胜。
齐	三十五年	三十六年	三十七年	三十八年	齐宣王元年	二年
楚	六年，柱国昭阳伐魏，得八邑；后攻齐，寻罢。	七年	八年	九年	十年	十一年，击秦不胜。
燕	十年	十一年	十二年	燕王哙元年	二年	三年，击秦不胜。

① 啮（niè）桑：在今江苏省沛县西南。
② 平周：在今四川省旺苍县。

续表

公元纪年	前317年	前316年	前315年	前314年	前313年
周	四年	五年	六年	周赧王元年	二年
秦	八年,与韩、赵战,张仪复相。	九年,灭蜀,取赵中都、西阳。②	十年,伐韩,伐赵。	十一年,侵义渠,得二十五城。	十二年,樗里子为将伐赵,虏赵将军庄豹,拔蔺。④
魏	二年	三年	四年	五年,秦攻我焦,降之。	六年,与秦王会于临晋⑤。
韩	十六年,秦败我于修鱼①,虏申差。	十七年	十八年,秦取我石章③,太子仓质于秦。	十九年,秦败我于岸门。	二十年
赵	九年,秦败我。	十年	十一年,秦败我将军英。	十二年	十三年,秦拔我蔺,虏赵庄。
齐	三年	四年	五年	六年	七年,与秦合。
楚	十二年	十三年	十四年	十五年	十六年,张仪来相,欺楚绝齐交。
燕	四年	五年	六年	七年,燕王哙及相子之皆死。	八年

---

① 修鱼:在今河南省原阳县西南。

② 中都:在今山西省平遥县西南。西阳:在今山西省中阳县。

③ 石章:在今河南省洛宁县西。

④ 樗(chū)里子:即樗里疾,战国中期秦国宗室、名将;为人滑稽多智,秦人誉为"智囊"。蔺(lìn):或称蔺阳、北蔺,在今山西省柳林县西北孟门镇。

⑤ 临晋:在今山西省临猗县。

续表

公元纪年	前312年	前311年	前310年	前309年	前308年	前307年
周	三年	四年	五年	六年	七年	八年
秦	十三年,庶长章①击楚于丹阳,大败之。	十四年,伐楚,取召陵。	秦武王元年,韩、魏、齐、楚、越皆宾从。代义渠。	二年	三年,击韩宜阳。	四年,拔宜阳,城武遂②。
魏	七年,秦助我攻燕。	八年	九年,张仪来相。与秦会于临晋。	十年,张仪死。	十一年,与秦会于应。	十二年,太子往朝秦。
韩	二十一年,秦助我攻楚。	韩襄王元年	二年	三年	四年,与秦会于临晋。	五年,秦助我拔宜阳。
赵	十四年	十五年	十六年	十七年	十八年	十九年,初胡服。
齐	八年	九年	十年	十一年	十二年	十三年
楚	十七年,秦败我于丹阳,又败我于蓝田。	十八年	十九年	二十年	二十一年	二十二年
燕	九年	燕昭王元年	二年	三年	四年	五年

---

① 庶长章:魏章,战国时期秦国将领。

② 武遂:在今山西省临汾市西南。

续表

公元纪年	前306年	前305年	前304年	前303年	前302年
周	九年	十年	十一年	十二年	十三年
秦	秦昭襄王元年,甘茂①出之魏。	二年	三年,王加冠,亲政。	四年,取魏蒲坂⑤。	五年,魏王来朝应亭⑥。
魏	十三年,秦击我皮氏,未拔而解。	十四年	十五年	十六年,秦拔我蒲坂。	十七年,与秦会于临晋。秦归我蒲坂。
韩	六年,秦归我武遂。	七年	八年	九年,秦复取我武遂。	十年,与秦会于临晋。
赵	二十年	二十一年	二十二年	二十三年	二十四年
齐	十四年	十五年	十六年	十七年	十八年
楚	二十三年	二十四年,秦来迎妇②。	二十五年,与秦会于黄棘③。秦归我上庸④。	二十六年,齐、韩、魏共伐我,我质太子于秦以求救。	二十七年
燕	六年	七年	八年	九年	十年

---

① 甘茂:战国中期秦国名将、左丞相。

② 妇:楚妇,即昭王后。时秦昭王与楚婚。

③ 黄棘:在今河南省新野县前高庙乡张楼村。

④ 上庸:在今湖北省竹山县西南。

⑤ 蒲坂(bǎn):在今山西省运城市永济市境西南约17公里处黄河东岸。

⑥ 应亭:在今陕西省大荔县。

续表

公元纪年	前301年	前300年	前299年
周	十四年	十五年	十六年
秦	六年，伐楚。蜀反，司马错①定之。	七年，伐楚，大破之。樗里子卒。魏冉⑤相。	八年，楚王来，留之。攻楚，取新市。孟尝君来相。
魏	十八年，与秦击楚。	十九年	二十年，与秦攻楚。与齐王会于韩。
韩	十一年，与秦击楚。秦取我穰②。	十二年	十三年，与秦攻楚。
赵	二十五年，攻中山。	二十六年	二十七年，破中山。
齐	十九年，秦以泾阳君③来为质。与秦击楚。大有功。	齐湣王元年，楚质太子以求平。	二年，泾阳君归秦。与秦攻楚。
楚	二十八年，秦、韩、魏、齐败我将唐昧，取我重丘④。	二十九年，秦取我新城⑥，杀我将景缺。	三十年，王与秦会于武关⑦，被留。秦取我八城。
燕	十一年	十二年	十三年

---

① 司马错：战国中期秦国名将，历仕秦惠文王、秦武王、秦昭襄王三朝。

② 穰（ráng）：在今邓州内城东南隅。

③ 泾（jīng）阳君：本名嬴市，战国时期秦国贵族。封地在今陕西省泾阳县，故称泾阳君。

④ 重丘：一说在今山东省聊城市，一说在今山东省巨野县。

⑤ 魏冉：号曰穰侯，战国时秦国大臣。

⑥ 新城：在今河南省商丘市西南。

⑦ 武关：在今陕西省商洛市丹凤县东武关河的北岸。

续表

公元纪年	前298年	前297年	前296年	前295年
周	十七年	十八年	十九年	二十年
秦	九年	十年，孟尝君免，楼缓③相。	十一年，齐、韩、魏、赵、宋、中山共攻秦。复与魏封陵。	十二年，楼缓免，穰侯魏冉相。
魏	二十一年，与齐、韩共击秦于函谷①。	二十二年	二十三年，与诸侯击秦。秦予我河外及封陵。	魏昭王元年，秦击我襄城。
韩	十四年，与齐、魏共击秦。	十五年	十六年击秦，秦与我武遂。	韩釐王元年
赵	赵惠文王元年，以公子胜②为相，封平原君。	二年	三年	四年，杀主父④。与齐、燕灭中山。
齐	三年，与韩、魏击秦。孟尝君归。	四年	五年	六年，佐赵灭中山。
楚	楚顷襄王元年，秦取我十五城。	二年，楚怀王亡走赵，赵不纳，复入秦。	三年，楚怀王卒于秦，秦人归其丧。	四年，秦予我粟五万石。
燕	十四年	十五年	十六年	十七年，佐赵灭中山。

① 函谷：在今河南省三门峡市灵宝市函谷关镇。

② 公子胜：赵胜，赵国贵族，战国四公子之一。

③ 楼缓：战国时期赵国人，赵武灵王的大臣。前后侍奉赵武灵王和秦昭襄王两位君王。

④ 主父：即赵武灵王赵雍。

续表

公元纪年	前294年	前293年	前292年	前291年	前290年	前289年
周	二十一年	二十二年	二十三年	二十四年	二十五年	二十六年
秦	十三年，向寿伐韩，取武始①。白起②攻新城。	十四年，白起击韩、魏于伊阙③，拔五城。	十五年，白起击韩、魏于伊阙③，拔五城。	十六年，魏冉免相。白起攻楚。	十七年，东周君来朝。	十八年，击魏至轵。
魏	二年，与秦战，不利。	三年，秦败我于伊阙。	四年，秦取我垣④，复归之。	五年	六年，入河西四百里于秦。	七年，秦取我大小城六十一。
韩	二年	三年，秦败我于伊阙。	四年	五年，秦拔我宛。	六年，与秦武遂。	七年
赵	五年	六年	七年	八年	九年	十年
齐	七年，田甲劫王，相薛文走。	八年	九年	十年	十一年	十二年
楚	五年	六年	七年，秦取我宛⑤。迎妇于秦，秦、楚复平。	八年	九年	十年
燕	十八年	十九年	二十年	二十一年	二十二年	二十三年

---

① 武始：在今河北省武安市南。

② 白起：一称公孙起，中国战国时期名将，杰出的军事家，"兵家"代表人物。

③ 伊阙（quē）：即今河南省洛阳市区南约2公里处的龙门。

④ 垣（yuán）：在今山西省垣曲县。

⑤ 宛（yuān）：在今河南省南阳市。

⑥ 左更错：司马错，左更，官职名。轵（zhǐ）：在今河南省济源市。邓：在今河南省邓州市至湖北省襄阳市北一带。

续表

公元纪年	前288年	前287年	前286年	前285年	前284年
周	二十七年	二十八年	二十九年	三十年	三十一年
秦	十九年十月，为西帝。十二月，复为王。	二十年，王之汉中、上郡、北河。	二十一年，司马错攻魏。	二十二年，蒙武④伐齐，河东为九县。	二十三年，与韩、魏、燕、赵共击齐，破之济⑥西。
魏	八年	九年，秦拔我新垣、曲阳②。	十年，纳安邑、河内于秦。宋王死于温③。	十一年	十二年，与秦击齐。与秦王会于宜阳。
韩	八年	九年	十年，秦败我于夏山。	十一年	十二年，与秦击齐。与秦王会于新城。
赵	十一年，秦拔我桂阳①。	十二年	十三年	十四年，与秦会于中阳⑤。	十五年，取齐昔阳⑦。
齐	十三年，为东帝，二月复为王。	十四年	十五年，灭宋。	十六年，秦拔我九城。	十七年，五国共伐我。齐湣王走莒⑧。
楚	十一年	十二年	十三年	十四年，与秦会于宛。	十五年，取齐淮。
燕	二十四年	二十五年	二十六年	二十七年	二十八年，伐齐，入临淄。

---

① 桂阳：亦称梗阳，在今山西省太原市。

② 曲阳：在今河南省济源市西。

③ 温：温城，在今河南省焦作市。

④ 蒙武：战国末期秦国将领。

⑤ 中阳：在今山西省吕梁市。

⑥ 济：济水，发源于河南省济源市王屋山上的太乙池。

⑦ 昔阳：在今山西省晋中市。

⑧ 莒（jǔ）：莒国，周朝诸侯国，是山东东夷中最强的古国。建都于计，至春秋初迁都莒（在今山东省日照市）。

续表

公元纪年	前283年	前282年	前281年	前280年	前279年
周	三十二年	三十三年	三十四年	三十五年	三十六年
秦	二十四年,魏冉免相。	二十五年,击赵。	二十六年,魏冉复相,伐楚。	二十七年,白起击赵。司马错攻楚,拔黔中。	二十八年,白起攻楚。
魏	十三年,秦拔我安城,至大梁,引去。①	十四年,与秦会于新明邑。	十五年	十六年	十七年
韩	十三年	十四年,与秦会于新城。	十五年,楚与我联合。	十六年	十七年
赵	十六年,救魏。	十七年,秦拔我两城。	十八年,秦拔我石城③。	十九年,秦败我,取代、光狼城。④	二十年,与秦会渑池⑥,蔺相如从。
齐	齐襄王元年	二年	三年,楚与我联和。	四年	五年,杀燕将骑劫,我地尽复。
楚	十六年,与秦王会于鄢②,又会于穰。	十七年	十八年,约诸侯合纵伐秦。	十九年,秦击我,与秦汉北及上庸⑤。	二十年,秦拔我鄢、西陵⑦。
燕	二十九年,救魏。	三十年	三十一年	三十二年	三十三年,田单破我,乐毅奔赵。

① 安城:在今河南省原阳县西南。大梁:在今河南省开封市西北。
② 鄢(yān):在今湖北省宜城市。
③ 石城:即离石,在今山西省吕梁市。
④ 代:在今河北省张家口市蔚县。光狼城:在今山西省晋城市高平市区西南。
⑤ 上庸:在今湖北省十堰市竹山县西南。
⑥ 渑(miǎn)池:在今河南省三门峡市。
⑦ 西陵:在今河南省西平县。一说在今武汉市黄陂区西南。

续表

公元纪年	前278年	前277年	前276年	前275年	前274年	前273年
周	三十七年	三十八年	三十九年	四十年	四十一年	四十二年
秦	二十九年，白起攻楚。	三十年，取楚巫郡及江南，为黔中郡②。	三十一年，拔魏两城。	三十二年，穰侯攻魏，魏入三县请和。	三十三年，攻魏卷、蔡阳、长社，取之。③	三十四年，白起击魏华阳军，芒卯④走。
魏	十八年	十九年	魏安釐王元年，封弟公子无忌为信陵君。	二年，秦拔我两城，军大梁下。	三年，秦拔我四城。	四年，与秦南阳以和。
韩	十八年	十九年	二十年	二十一年，救魏，为秦所败。	二十二年	二十三年，赵、魏攻我，请救于秦。
赵	二十一年	二十二年	二十三年	二十四年	二十五年	二十六年
齐	六年	七年	八年	九年	十年	十一年
楚	二十一年，秦拔我郢，烧夷陵，楚王亡走陈。①	二十二年，秦拔我巫郡及江南。	二十三年，秦所拔我江旁反秦，黔中复归楚。	二十四年	二十五年	二十六年
燕	燕惠王元年	二年	三年	四年	五年	六年

---

① 郢（yǐng）：在今湖北省荆州市。夷陵：在今湖北省宜昌市东南。

② 黔中郡：战国时期楚国初置的郡，秦朝将原楚国巫郡和黔中郡合并为新的"黔中郡"，在今湖南省怀化市。

③ 卷：卷城，在今河南省新乡市。蔡阳：在今湖北省枣阳市。长社：在今河南省长葛市。

④ 芒卯（mǎo）：战国时期魏国将领。

续表

公元纪年	前272年	前271年	前270年	前269年	前268年	前267年
周	四十三年	四十四年	四十五年	四十六年	四十七年	四十八年
秦	三十五年,佐韩、魏、楚伐燕。	三十六年	三十七年,围赵阏与①。	三十八年,攻赵阏与,不能取。	三十九年	四十年,太子质于魏者死,归葬芷阳④。
魏	五年,击燕。	六年	七年	八年	九年,秦拔我怀③。	十年
韩	韩桓惠王元年,击燕。	二年	三年	四年	五年	六年
赵	二十七年	二十八年,蔺相如攻齐至平邑。	二十九年,赵奢大破秦军。	三十年	三十一年	三十二年
齐	十二年	十三年	十四年,秦取我刚、寿。②	十五年	十六年	十七年
楚	二十七年,击燕,质太子于秦以求平。	二十八年	二十九年	三十年	三十一年	三十二年
燕	七年,韩、魏、楚伐我。	燕武成王元年	二年	三年	四年	五年

---

① 阏与：在今山西省和顺县西北。

② 刚：在今山东省泰安市宁阳县东北。寿：在今山东省泰安市东平县西南。

③ 怀：在今河南省焦作市。

④ 芷阳：在今陕西省西安市东。

续表

公元纪年	前266年	前265年	前264年	前263年	前262年	前261年	前260年
周	四十九年	五十年	五十一年	五十二年	五十三年	五十四年	五十五年
秦	四十一年,攻魏,取邢丘①、怀。	四十二年,拔赵三城。	四十三年,白起攻韩,拔九城。	四十四年,攻韩,取南阳。	四十五年,攻韩,取十城。	四十六年,王之南郑。	四十七年,白起破赵于长平。
魏	十一年	十二年	十三年	十四年	十五年	十六年	十七年
韩	七年	八年	九年	十年,秦击我于太行。	十一年	十二年	十三年,秦攻我上党④。上党降赵。
赵	三十三年	赵孝成王元年,平原君相。	二年	三年	四年	五年,廉颇拒秦于长平③。	六年,赵括代廉颇,秦大破之。
齐	十八年	十九年	齐王建元年	二年	三年	四年	五年
楚	三十三年	三十四年	三十五年	三十六年	楚考烈王元年,纳州于秦以平。黄歇②相。	二年	三年
燕	六年	七年	八年	九年	十年	十一年	十二年

---

① 邢丘:在今河南省焦作市温县东。

② 黄歇:即春申君,楚国人,曾任楚相,战国四公子之一。

③ 长平:今山西省高平市西北。

④ 上党:在今山西省长治市。

续表

公元纪年	前259年	前258年	前257年	前256年	前255年	前254年
周	五十六年	五十七年	五十八年	五十九年，赧王卒。		
秦	四十八年，王龁①伐赵，司马梗定太原，尽有韩上党。	四十九年	五十年，围邯郸④。拔新中。杀白起。	五十一年，击赵新中，韩、魏、楚救之，兵罢。	五十二年，取西周。	五十三年，天下来宾。伐魏。
魏	十八年	十九年	二十年，公子无忌救邯郸，秦兵解去。	二十一年，救赵。	二十二年	二十三年，魏委国听令于秦。
韩	十四年，献垣雍②于秦。	十五年	十六年	十七年，救赵。秦击我于阳城⑤。	十八年	十九年，韩王朝秦。
赵	七年，秦拔我皮牢③。	八年	九年，秦围邯郸。	十年，韩、魏、楚救赵。	十一年	十二年
齐	六年	七年	八年	九年	十年	十一年
楚	四年	五年	六年，春申君救赵。	七年，救赵。	八年，取鲁，鲁君封于莒。	九年
燕	十三年	十四年	燕孝王元年	二年	三年	燕王喜元年

① 王龁（hé）：号信梁，战国末期秦国名将，经历三代秦王，为秦国宿将。
② 垣雍（yōng）：在今河南原阳县西北。
③ 皮牢：在今山西翼城县东北。
④ 邯郸：在今河北省邯郸市。
⑤ 阳城：在今河南省郑州市登封市东南。

续表

公元纪年 周	前253年	前252年	前251年	前250年	前249年	前248年
秦	五十四年	五十五年	五十六年，秦昭襄王卒，诸侯皆来吊。	秦孝文王元年	秦庄襄王元年，灭东周，吕不韦相。	二年，蒙骜⑤攻赵，定太原。
魏	二十四年	二十五年	二十六年	二十七年	二十八年	二十九年
韩	二十年	二十一年	二十二年，衰绖②吊秦丧。	二十三年	二十四年，秦拔我成皋、荥阳。④	二十五年
赵	十三年	十四年	十五年，平原君卒。	十六年	十七年	十八年
齐	十二年	十三年	十四年	十五年	十六年	十七年
楚	十年，徙于钜阳①。	十一年	十二年，柱国③景伯死。	十三年	十四年，灭鲁。	十五年，春申君徙封吴。
燕	二年	三年	四年，伐赵，赵大破我。	五年	六年	七年

---

① 钜（jù）阳：在今安徽省阜阳市宫集镇钜阳行政村境内。

② 衰绖（cuī dié）：穿丧服。

③ 柱国：最初指国都，后称覆军杀将有战功者为上柱国，为楚国最高武官，引申义为功勋的荣誉称号。

④ 成皋（gāo）：在今河南省荥阳市汜水镇西北。荥（xíng）阳：在今河南省郑州市。

⑤ 蒙骜（ào）：齐国人，后投靠秦国，官至上卿。战国末期秦国著名将领。

续表

公元纪年 周	前247年	前246年	前245年	前244年	前243年	前242年
秦	三年， 王龁击赵取 三十七城。 蒙骜攻拔魏 高都、汲。①	秦王政元年	二年	三年， 蒙骜击韩， 取十三城。 又攻魏。	四年， 质子归自赵。	五年， 蒙骜取魏 二十城。
魏	三十年， 秦伐我，公 子无忌率五 国兵败之。	三十一年	三十二年	三十三年	三十四年， 信陵君卒。	魏景湣王 元年， 秦拔我 二十城。
韩	二十六年， 秦拔我上党。	二十七年	二十八年	二十九年， 秦拔我 十三城。	三十年	三十一年
赵	十九年	二十年， 秦拔我晋阳。	二十一年	赵悼襄王 元年	二年， 太子质秦归。 李牧攻燕。	三年
齐	十八年	十九年	二十年	二十一年	二十二年	二十三年
楚	十六年	十七年	十八年	十九年	二十年	二十一年
燕	八年	九年	十年	十一年	十二年， 赵拔我武遂、 方城。②	十三年

---

① 高都：在今山西省晋城市。汲：在今河南省新乡市。

② 武遂：战国时燕邑名，在今河北省徐水区西北遂城。方城：在今河南省南阳市。

续表

公元纪年	前241年	前240年	前239年	前238年	前237年	前236年
周						
秦	六年，韩、魏、赵、燕、楚五国共击我。	七年，蒙骜死。	八年，嫪毐②封长信侯。	九年，嫪毐为乱。	十年，相国吕不韦免。	十一年，王翦④击赵取九城。
魏	二年，秦拔我朝歌。	三年，秦拔我汲。	四年	五年，秦拔我垣、蒲、衍。③	六年	七年
韩	三十二年	三十三年	三十四年	韩王安元年	二年	三年
赵	四年	五年	六年	七年	八年，入秦置酒。	九年，秦拔我九城。
齐	二十四年	二十五年	二十六年	二十七年	二十八年，入秦置酒。	二十九年
楚	二十二年，东徙都寿春①，命曰郢。	二十三年	二十四年	二十五年，李园杀春申君。	楚幽王元年	二年
燕	十四年	十五年	十六年	十七年	十八年	十九年

---

① 寿春：在今安徽省淮南市寿县城关寿春镇境内。

② 嫪毐（lào ǎi）：为战国末期秦国的长信侯，秦始皇之母赵姬的男宠。

③ 垣、蒲、衍：均在今河南省长垣市附近。

④ 王翦（jiǎn）：频阳东乡（今陕西省富平县）人，战国时期秦国将领、军事家，秦统一六国的具体实施者。

续表

公元纪年周	前235年	前234年	前233年	前232年	前231年	前230年
秦	十二年，吕不韦卒。助魏击楚。	十三年，桓齮伐赵，定平阳、武城、宜安。① 杀赵将扈辄。	十四年	十五年，大兴兵，至邺、太原，取狼孟②。	十六年，发卒受韩南阳地。	十七年，内史腾③击韩，虏韩王安，尽取其地。
魏	八年，秦助我击楚。	九年	十年	十一年	十二年，献城于秦。	十三年
韩	四年	五年	六年，韩非使秦，被杀。请臣于秦。	七年	八年，秦来受地。	九年，秦虏韩王安，韩亡。
赵	赵幽缪王元年	二年，秦拔我平阳。	三年	四年，秦拔我狼孟。	五年	六年
齐	三十年	三十一年	三十二年	三十三年	三十四年	三十五年
楚	三年，秦、魏击我。	四年	五年	六年	七年	八年
燕	二十年	二十一年	二十二年	二十三年，太子丹质于秦，亡归。	二十四年	二十五年

---

① 平阳：在今河北省临漳县西。宜安：在今河北省石家庄市藁城区西南。
② 狼孟：在今山西省阳曲县。
③ 内史腾：一作内史胜，战国后期秦国将领。

续表

公元纪年	前229年	前228年	前227年	前226年	前225年
周					
秦	十八年，大举攻赵。	十九年，王翦攻赵，虏赵王迁。	二十年，王翦击燕，破之易水②。	二十一年，王贲击楚、燕。	二十二年，王贲击魏，得王假，尽有其地。
魏	十四年	十五年	魏王假元年	二年	三年，秦虏魏王假，魏亡。
韩					
赵	七年	八年，秦虏赵王迁。公子嘉自立为代王。	赵代王嘉元年	二年	三年
齐	三十六年	三十七年	三十八年	三十九年	四十年
楚	九年	十年，楚幽王卒，弟犹立为哀王。三月，负刍①杀之。	楚王负刍元年	二年，秦大破我，取十城。	三年
燕	二十六年	二十七年	二十八年，荆轲刺秦王，不中。秦伐我。	二十九年，秦拔我蓟③，得太子丹。	三十年

---

① 负刍：楚考烈王之子，公元前228年，负刍的门客杀死楚哀王，负刍自立为楚王。

② 易水：在今河北省西部。源出易县境，入南拒马河。

③ 蓟（jì）：在今北京。

续表

公元纪年	前 224 年	前 223 年	前 222 年	前 221 年
周				
秦	二十三年，王翦击破楚，虏负刍。	二十四年，王翦、蒙武破楚军。	二十五年，王贲击燕、代并虏其王。	二十六年，王贲击齐，虏齐王建，初并天下。秦王政为始皇帝。
魏				
韩				
赵	四年	五年	六年，秦虏赵王嘉，赵亡。	
齐	四十一年	四十二年	四十三年	四十四年，秦虏齐王建，齐亡。
楚	四年，负刍被虏。项燕立昌平君为楚王。	五年，昌平君死，项燕自杀，楚亡。		
燕	三十一年	三十二年	三十三年，秦虏燕王喜，燕亡。	

附录二 楚辞女性中心说

一　引言

我国文学在修辞上的一大进步，就是"比兴"法的使用。在公元前500—600年间，我国的韵文，如《诗经》，已经在广泛地试验"比兴"体的用法了。文学自从有了"比兴"，才披上一件美丽的外衣，象牙之塔才顿然添加了许多曲折。它仿佛是在文艺的窗子上蒙上一层轻纱，让人去透视。在这儿，你可以从纱的里面向外望去，朦胧的远景像在望远镜里面越看越清晰，又越美观，甚至比没有那层轻纱还更清晰、更美观。倘若允许我夸大点说，文学有了"比兴"，简直是文艺进化史上的奇迹！

在《诗经》中显然看得出的"比兴"材料真不少：它有草木、有鱼虫，也有鸟兽，更有各种器物，甚至有自然现象，如风、雷、雨、雪、蟋蟀和阴霾等，可是没有"人"，更没有"女人"，文学用"女人"来做"比兴"的材料，最早是《楚辞》。它的"比兴"材料虽不限于"女人"，但"女人"至少是其中重要材料之一，所以我国文学首先与"女人"发生关系的是《楚辞》，而在修辞技术上有崭新的一大进步的文学也是《楚辞》。

王逸在《楚辞章句》里说：

> 《离骚》之文，依诗取兴，引类譬谕。故善鸟香草，以配忠贞；恶禽臭物，以比谗佞；灵修美人，以媲于君；宓妃佚女，以譬贤臣；虬龙鸾凤，以托君子；飘风云霓，以为小人。

这段话虽然很不正确，但他看破《楚辞》用"比兴"法的原则与《诗经》相同，却是不错的。屈原《楚辞》中最重要的"比兴"材料是"女人"，而这"女人"是象征他自己，象征他自己的遭遇，好比一个见弃于男子的妇人。我们不必惊异，这象征并非突然：在我国古代，臣子的地位与妻妾相同。《周易·坤·文言》说"坤，地道也，妻道也，臣道也"是够证明的了。所以屈原以女子自比是很有理由的。我们更要记得：从前对于女子，有所谓"七出"之条。就是犯了其中一条或数条的女人，往往会被男子逐出。屈原得罪了楚王，而被放逐，这情形不是很像妇人的见弃吗？何况他事楚怀王，起初甚见信任，后来才被放逐，这和妇人的宠衰爱弛有什么两样呢？所以他把楚王比作"丈夫"，而自己比作

"弃妇"，在修辞技巧上讲，是再适合也没有的了。

二 以女性为中心的楚辞观

屈原对于楚王，既以弃妇自比，所以他在《楚辞》里所表现的，无往而非女子的口吻。这一义若不明白，《楚辞》的文义便有许多讲不通；因而他的文艺也就根本无法欣赏。根据一种模糊的观念来批评《楚辞》，一切都是瞎话。反之，如果我们明白此义，不但《楚辞》的许多问题迎刃而解，还可以进一步认识它的文艺。从前多少注家，所以有许多无谓的争论，而结果都不正确，这是什么缘故呢？关键就在这一点。

现在让我逐条地提出来说吧。

（一）美人。《楚辞》中的"美人"二字凡四见：一是《离骚》的"恐美人之迟暮"，一是《九章·思美人》的"思美人兮，揽涕而伫眙"，其余两处便是《九章·抽思》的"矫以遗夫美人"及"与美人抽怨兮"。这四个"美人"，后面三个都是指楚王——大概指楚怀王。而第一个却是指他自己。王逸把"美人迟暮"的"美人"也看作指怀王，于是《离骚》那段文字就不大可通了。考"美人"二字，最早见于《诗经》的《简兮》，所谓"西方美人"是也。他不只是雄武的意思，或者看作贤人也可以。但是屈原用"美人"二字，却兼有男女关系上较亲密的意思。一面指自己，同时也指楚王。指自己的当然是美女子的意思，指楚王的就是美男子的意思。换言之，它是夫妻双方相互的称呼。不过女子自称为"美人"，似乎没有问题；以"美人"称"丈夫"或"情人"，是不是可以呢？据我看，这是可以的。《诗经》中便有此先例，如《唐风·葛生》云："予美亡此，谁与？独处。"这是妇人对其"男人"或"爱人"说话的口气。又如《陈风·防有鹊巢》云："谁侜予美？心焉忉忉。"《郑风·野有蔓草》及《陈风·泽陂》的"有美一人"，则男女双方都可以说。所以屈原比楚王为夫，而目之为"美人"是不足为怪的。《楚辞》中也有自比女子而单称一个"美"字的，如《九章·哀郢》的"众踥蹀而日进兮，美超远而逾迈"。这就是说：楚怀王的内宠既多，一班平常的女子都一天天地接近了，而他自己呢，却一天天地离远了。(《九歌·湘君》的"美要眇兮宜修"及《九歌·湘夫人》的"与佳期兮夕张"，也都是夫妻的互称。参阅《读骚论微初集》。)此外也有称"佳人"的，如《九章·悲回风》的"惟佳人之永都"及"惟佳人之独怀"，这两个"佳人"，也是屈原自指。王逸谓指怀襄，也是错的。

（二）香草。女人最爱的就是花，所以屈原在《楚辞》中常常说装饰着各种香花（其他珠宝冠剑准此），以比他的芳洁,又常常以培植香草来比延揽善类或同志。这些例子太多了,不能尽举了。如《离骚》云:"扈江离与辟芷兮,纫秋兰以为佩。"又云:"朝搴阰之木兰兮,夕揽洲之宿莽。"又云:"擥木根以结茝兮,贯薜荔之落蕊。矫菌桂以纫蕙兮,索胡绳之纚纚。謇吾法夫前修兮,非世俗之所服。"这就是说:我的服饰极其芳洁,与众不同。而这一套古色古香的装饰品,一般摩登女子是不爱穿戴的。她们不但不爱,而且很妒忌他。所以《离骚》又说:"何琼佩之偃蹇兮,众薆然而蔽之?惟此党人之不谅兮,恐嫉妒而折之。"至于《离骚》讲他种植芳草云:"余既滋兰之九畹兮,又树蕙之百亩。畦留夷与揭车兮,杂杜衡与芳芷。"种植它们做什么呢?他又接着说:"冀枝叶之峻茂兮,愿俟时乎吾将刈。"可是失望得很,不多时那些兰芷都变而不芳了,荃和蕙都化而为茅了,从前所栽的一切芳草,而今都变为萧艾了。美人一番苦心,竟落得如此结局,你看他痛不痛心?所以又接着说:"虽萎绝其亦何伤兮?哀众芳之芜秽!"栽不成倒不要紧,芳香的种下去,臭恶的果出来,那才真是可悲的呢。以前解《楚辞》的人,对于屈原以芳草比芳洁,以滋兰树蕙比进贤,这原则是晓得的,但如此立说的原因却是很模糊的。倘若知道他原来是以女子自比,那么,不但这些问题迎刃而解,而且可以进一步欣赏他的文艺:用意是何等的精密!

遣词是何等的切当！全篇脉络贯通，一线到底，无不丝丝入扣。这样的文章真是古今罕有，我相信我不是在瞎赞。

（三）荃荪。荃、荪本是两种同类的香草，《楚辞》中多通用。① 颜延之《祭屈原文》云："比物荃荪。"刘昼《新论·慎独》亦云："荃荪孤植。"可见虽是两种东西，却是同属一类的香草，所以前人常常以二物并提。前面已经讲过许多香草，此处何以单把"荃荪"提出来呢？这于《楚辞》是有特殊意义的。《离骚》云："荃不察余之中情兮，反信谗而齌怒。"王逸说："荃，香草；以喻君也。"这是对的。又说："人君被服芬香，故以香草为喻。恶数指斥尊者，故变言荃也。"这解释是不对的。《九章·抽思》又云："数惟荪之多怒兮，伤余心之忧忧。"又云："兹历情以陈辞兮，荪详聋而不闻。"又云："何独乐斯之謇謇兮？愿荪美之可光。"一篇之中，三用"荪"字，王逸都解作喻君。不过我们要问：为什么屈原要把一种香草当作楚王的代名词呢？我以为这是表示极其亲爱的意思。犹之乎后世江南人呼情人为"欢"及词家常用的"檀郎"之类。同时"荃荪"二字并与"君"字声近，借为双关也是再好不过的。但他何以要用这样亲昵的字眼呢？这回答便是：原来屈子把楚王比作"丈夫"，而

---

① 见洪兴祖《楚辞考异》。《文选》中各篇《楚辞》亦二字通用。

把自己比作"妻子"，试问，夫妻不亲密，什么关系亲密呢？（《九歌·少司命》云："荪何以兮愁苦？"又云："荪独宜兮为民正。"称神为"荪"，义与此同。余别有说。）

（四）昏期。《抽思》云："昔君与我成言兮，曰黄昏以为期。羌中道而回畔兮，反既有此他志！"《离骚》也有"曰黄昏以为期兮，羌中道而改路"两句，或为衍文，或脱偶句。其下文又云："初既与余成言兮，后悔遁而有他。"其辞义彼此略同。从来注家对"黄昏""成言"等词，懵然不解，只有朱子明白他的意义。朱子在《离骚》注中说："'曰'者，叙其始约之言也。'黄昏'者，古人亲迎之期，《仪礼》所谓初昏也。中道改路，则女将行而见弃；正君臣之契已合而复离之比也。'成言'，谓成其要约之言也。"这是从来注家未曾明白而郑重指出的，可谓卓识。按："成言"即成约。古者国际缔结和约，也叫作"行成"。以前有了成约，后来中途改变了，这显然是指他初见信任，后中谗言的事。黄昏为期的话，若说得干脆一点，与宋词的"月上柳梢头，人约黄昏后"中的"黄昏"也没有两样。不过屈子所谓的"黄昏"为古礼，是正式的，而宋词所谓的"黄昏"非正式的罢了。所以《楚辞》中的词句，千万不可随便看过。要一字一句地认真读下去，方能了然作者的真意所在。

（五）女媭。《离骚》在第二大段的开头，假设一个

"女媭"来责备他。如云:"女媭之婵媛兮,申申其詈予。"王逸以为女媭是屈原的姊姊,不知何据,大概是"想当然"的吧。屈子有无姊姊不可考。《水经注·江水》引袁崧的话,竟说屈原有贤姊,闻他放逐,归来劝慰他,故名其地曰"秭归"。县北有屈子故宅,宅东有女媭庙,捣衣石犹存。"秭"与"姊"同音,这显然是后人因王注而附会的,很是可笑。所以许多注家都说,楚人通称妇人为"媭",是不错的。《汉书·高后纪》:"太后女弟吕媭之夫。"又《陈丞相世家》:"樊哙……乃吕后弟吕媭之夫。"那么,楚人也称妹妹为"媭"。《易经》"归妹以媭",便是很早的旁证。怎么可以硬解作姊姊呢?所以我的看法,这"女媭"不过是一个假设的老太婆——与他有相当关系的老太婆。说得文雅一点,只是师傅保姆之类罢了。说到这里,我们应该会很自然地联想到,原来屈子是以女子自比的。女子得罪了"丈夫",由得宠而至于被弃,大概保姆们应该会责骂他脾气太坏了吧。所以说:"汝何博謇而好修兮,纷独有此姱节?"又说:"世并举而好朋兮,夫何茕独而不予听?"女媭惊他太刚直了,太特异了,太觚棱了,劝他稍为随俗一点,何必那样矜才使气地得罪人,因而连"丈夫"也不欢喜他了。若把女媭解作屈姊,不但此义不明,反而令人怀疑:何以父母兄弟们都不骂他,偏偏一个老姊姊来骂他?岂不可怪?

（六）灵修。《楚辞》中的"修"字，大概都有"美"的意思。《离骚》云："纷吾既有此内美兮，又重之以修能。"又云："老冉冉其将至兮，恐修名之不立。"又云："謇吾法夫前修兮，非世俗之所服。"又云："余虽好修姱以鞿羁兮，謇朝谇而夕替。"又云："民生各有所乐兮，余独好修以为常。"又云："汝何博謇而好修兮，纷独有此姱节？"又云："不量凿而正枘兮，固前修以菹醢。"又云："两美其必合兮，孰信修而慕之？"又云："苟中情其好修兮，又何必用夫行媒？"又云："岂其有他故兮？莫好修之害也！"又《九章·哀郢》云："憎愠惀之修美兮，好夫人之慷慨。"又《九章·抽思》云："憍吾以其美好兮，览余以其修姱。"又《橘颂》云："纷緼宜修，姱而不丑兮。"以上这些"修"字，都可作"美"字解，所以常拿"修美""修姱"连举或对举。又按"修"本有"长"义，故古人亦以长为美。如《诗经·卫风·硕人》中的"硕人其颀"，颀是长貌；《战国策·赵策》中的"邹忌修八尺有余，而形貌昳丽"，都是以长为美的证据。至于"灵修"，除《九歌·山鬼》外，《离骚》中凡三见。如云："指九天以为正兮，夫唯灵修之故也。"又云："余既不难夫离别兮，伤灵修之数化。"又云："怨灵修之浩荡兮，终不察夫民心。"这三个"灵修"，当然是指楚怀王。"修"本是美人，谓之"灵"者，大概是那时怀王已死的缘故吧。就字面上说，犹言先夫；就意义说，犹言先王。已经见弃的妇人一心一意想归返夫家，但不幸"丈夫"又死了，当然是人间最痛心的事。屈原既放，怀王入秦而不反，至顷襄王时，其境遇正如同弃妇更变成寡妇了。

（七）求女。《离骚》第二大段之末，有求女一节。他再登阆风，反顾流涕，哀高丘之无女以后，又想求宓妃，见有娀，留二姚，而三次求女，都归失败。这一节的真正意义，从来注家都不了解。有的说，求女比求君；有的说，求女比求贤；又有的说，求女比求隐士；更有的说，求女比求贤诸侯；或者竟又以为真是求女人，越讲越糊涂、越支离，令人坠入云雾。这是《离骚》中一大难题。其实，屈子之所谓求女者，不过是想求一个可以通君侧的人罢了。因为他既自比弃妇，所以想要重返夫家，需要有一个能在夫主面前说得到话的人不可。又因他既自比女子，所以通话的人当然不能是男人，这是显然的道理。所以他所想求的女子，可以看作是女婢妾等人的身份，并无别的意义。可是君门九重，传言不易；兼之世人嫉妒者多，都不愿为他说话，结果只是枉费一番心思。所以他接着又总结这段话说："世溷浊而嫉贤兮，好蔽美而称恶。"又说："闺中既以邃远兮，哲王又不寤。"然后屈子至此，回到君侧的企图也真绝望了。正如妇人被弃以后，想再回到夫家的闺中已是不可能的了。

（八）媒理。唯其自比为女子，为弃妇，所以《楚辞》中的"媒""理"二字也特别多。例如《离骚》云："苟中情其好修兮，又何必用夫行媒？"（《离骚》又有"謇修为理"及"理弱媒拙"的话，但非对他自己而言，故不为例。）又《九章·抽思》云："好姱佳丽兮，牉独处此异域。既惸独而不群兮，又无良媒在其侧。"又云："理弱而媒不通兮，尚不知余之从容。"又云："路远处幽，又无行媒兮。"《九章·思美人》云："媒绝路阻兮，言不可结而诒。"又云："令薜荔以为理兮，惮举趾而缘木；因芙蓉而为媒兮，惮褰裳而濡足。"凡此所云"媒""理"都是针对女人说话。这女子是谁呢？当然就是屈原自己。既然屈子自比为弃妇，所以"媒""理"的作用无非就是请来替他说话、替他帮忙，如同上面所求的"女"。

（九）其他。此外还有几点，一并提出来讲。唯其屈子以女子自比，所以说："众女嫉余之蛾眉兮，谣诼谓余以善淫。"（《离骚》）又说："妒佳冶之芬芳兮，嫫母姣而自好；虽有西施之美容兮，谗妒入以自代。"（《九章·惜往日》）唯其以女子自比，所以《楚辞》中"嫉""妒"二字也特别多。例如说："世溷浊而不分兮，好蔽美而嫉妒。"又说："世溷浊而嫉贤兮，好蔽美而称恶。"又说："何琼佩之偃蹇兮，众薆然而蔽之？惟此党人之不谅兮，恐嫉妒而折之。"（以上《离骚》）又说："忠湛湛而愿进兮，妒被离而鄣之。"又说："尧舜之抗行兮，瞭杳杳而薄天；众谗人之嫉妒兮，被以不慈之伪名。"（以上《九章·哀郢》）又说："心纯庞而不泄兮，遭谗人而嫉之。"又说："自前世之嫉贤兮，谓蕙若其不可佩。"（以上《九章·惜往日》）唯其以女子自比，所以常常欢喜哭泣。如《离骚》云："长太息以掩涕兮，哀民生之多艰。"又云："曾歔欷余郁邑兮，哀朕时之不当。揽茹蕙以掩涕兮，沾余襟之浪浪。"唯其以女子自比，所以欢喜陈词诉苦。如《离骚》云："济沅湘以南征兮，就重华而陈词。"又云："跪敷衽以陈辞兮，耿吾既得此中正。"《九章·惜诵》又云："令五帝以折中兮，戒六神与向服。俾山川以备御兮，命咎繇使听直！"唯其以女子自比，所以欢喜求神问卜。如《离骚》云："索藑茅以筳篿兮，命灵氛为余占之。"又云："巫咸将夕降兮，怀椒糈而要之。"唯其以女子自比，所以又欢喜指天誓日。如《离骚》云："指九天以为正兮，夫唯灵修之故也！"《九章·惜诵》又云："所非忠而言之兮，指苍天以为正！"……凡此种种，都是描写十足的女性——我国旧时的十足的女性。读者若是随便地放过她们，我真要为《楚辞》叫屈了。

我常常闭着眼睛在想：自汉以来，真正懂得《楚辞》

的究竟有几人？我从头至尾数一数，在西汉有淮南王刘安，在南宋有朱考亭，只有他们最善于读《楚辞》，最能体会《楚辞》的微言大义。朱子的话上文已略略引过了，不必重述。淮南王的话则见于《离骚传》。他说："《国风》好色而不淫，《小雅》怨诽而不乱。若《离骚》者，可谓兼之矣。"①何谓"《国风》好色而不淫"呢？这就是说，《楚辞》尽管讲"女人"，但都是借为君臣的譬喻，而并非真讲"女人"。犹之《关雎》一诗，虽曰"乐得淑女，以配君子"，而却"忧在进贤，不淫其色"。（这是汉人说"诗"的见解）他对于《楚辞》的认识和批评可谓"要言不烦"了。

三 余论

我国文学上的习语，常把"风骚"二字连起来说："风"是《国风》，有时代表全部《诗经》；"骚"是《离骚》，有时代表全部《楚辞》。但我以为，与其说"风骚"代表《诗经》和《楚辞》，倒不如说代表女性；因为它们都是喜欢谈"女人"的。记得杜甫有两句诗云：

纵使卢王操翰墨，劣于汉魏近风骚。②

---

① 见《史记·屈原贾生列传》及班固《离骚序》引。
② 出自杜甫《戏为六绝句》。

为什么汉魏的诗近于《离骚》呢？就是因为他们爱用"比兴"体，爱谈"女人"，常借着"女人"来作另一种意义的象征罢了。你若不相信，让我来数一数关于"女人"的汉魏诗吧。

真是谈"女人"的，有乐府诗《陌上桑》《陇西行》《东门行》《妇病行》《艳歌何尝行》《白头吟》《孔雀东南飞》《上山采蘼芜》，《铙歌十八曲》中的《有所思》《上邪》，以及李延年的《佳人歌》，辛延年的《羽林郎》，宋子侯的《董娇饶》，蔡邕和陈琳的《饮马长城窟行》，左延年的《秦女休行》等篇。可能是谈"女人"的，有苏武的《留别妻》，《古诗十九首》中的《行行重行行》《青青河畔草》《冉冉孤生竹》《凛凛岁云暮》《孟冬寒气至》《客从远方来》等首，以及张衡的《同声歌》，徐干的《室思》和《杂诗》，甄宓的《塘上行》，曹植的《妾薄命》等首。虽谈"女人"而绝对不是谈"女人"的，有张衡的《四愁诗》，繁钦的《定情诗》，曹植的《美女篇》《弃妇篇》《七哀诗》和《杂诗七首》中的《南国有佳人》《揽衣出中闺》，以及阮籍《咏怀诗》中的《二妃游江滨》《西方有佳人》《朝出上东门》等首。我不能再举了，以上这些诗表面上没有一首不是谈"女人"的。而没有"女人"的字样，内容大概还是指"女人"的，除《古诗十九首》中的《涉江采芙蓉》《庭中有奇树》《明月何皎皎》等尚不在其内，汉魏的诗歌具在，你可以算算它们谈"女人"的百分数了。于此，我们可以想到，汉魏诗之所以爱谈"女人"，必是时代和"风骚"接近，而容易受其影响的缘故。所以说汉魏的诗近"风骚"——尤其是"骚"。

从此以后，这种作风一直发展下去，侵遍了我国文学的领域，而被视之为"温柔敦厚""风骚之遗"。只要在文学作品中发现了"女人"，你就会很敏感地猜中它的"谜底"。于是杜甫的《佳人》说什么，孟郊的《烈女操》说什么，张籍的《节妇吟寄东平李司空师道》和陈师道的《妾薄命·为曾南丰作》又说什么，你都可以不查注本，不费深思，而十得八九。这时候女性的象征范围也越来越大；而唐宋以后的"词"，更把"女人"当作修辞技术上的重要工具，使文学和"女人"结了不解的缘，这不是伟大诗人屈原的影响吗？

* 此文原为民国三十二年（1943）六月二十九日在西南联合大学文史学会的讲稿。后来加以修改，曾刊登于民国三十三年昆明《中央日报·星期增刊》的诗人节专号。今附录于此。

附录三 《楚辞》注本十种提要

给《楚辞》作过注释的,古今有许多人;又因为《文选》中也选录了若干篇《楚辞》,所以注《文选》的人,自然也会注到它们。此外,在古代各种文集、笔记中,也常常谈到《楚辞》的问题。倘若我们要对《楚辞》作深入而系统的研究,这些材料自然都必须参考。这里只介绍几种比较主要的《楚辞》注本。

据我们现在所知道的材料来看,汉代的淮南王刘安是第一个注《楚辞》的人,但他所注的只是《离骚》一篇,不是全部《楚辞》。《汉书·淮南衡山济北王传》说:"时武帝方好艺文,以安属为诸父,辩博善为文辞,甚尊重之。……使为《离骚传》,旦受诏,日食时上。"颜师古注说:"传,谓解说之,若《毛诗传》。"所以《离骚传》也就是《离骚》的注。这次注释仅仅用了半天的工夫,可以想见,那一定是相当简略的。现在刘安的《离骚传》虽然已经失传,但《史记·屈原贾生列传》中有"国风好色而不淫"至"虽与日月争光可也"一段话,班固在《离骚序》中认为这就是淮南王叙《离骚传》的话。在淮南王以后,西汉尚有刘向、扬雄作过《天问》的注解，东汉则有班固、贾逵的《离骚经章句》，但这些著作都已失传。到现在我们所能看到的头一个完整的《楚辞》注本，是东汉王逸的《楚辞章句》，以下我们就从这本书谈起。

一、王逸：《楚辞章句》十七卷

王逸，字叔师，南郡宜城（今湖北宜城市）人，汉安帝时为校书郎，顺帝时官至侍中，见《后汉书·文苑传》。据今本《楚辞章句》题"校书郎臣王逸上"，则其书似乎是他在做校书郎的时候著的。《楚辞章句》是以刘向所编定的十六卷本《楚辞》为依据，在后面又附了一篇他自己作的《九思》，并且自己作了注，共为十七卷。书中各篇，王逸都作了序文，指明作者、写作时间、命题意义和主要内容，如说《天问》是屈原被放逐，彷徨山泽，见楚国先王之庙及公卿祠堂画着天地山川和古代各种传说，因书其壁而问之，楚人哀惜屈原，因而论述其文。又说《渔父》本是屈原与江滨渔父问答之词，楚人思念屈原，因叙其辞。这些对我们都很有参考意义。又谓《离骚》之文，"依诗取兴，引类譬谕：故善鸟香草，以配忠贞；恶禽臭物，以比谗佞"云云，虽有些地方未必完全如此，但指出《楚辞》继承《诗经》的表现作风，多采用比兴的手法，这是完全正确的。

至于《九章》各篇，王逸一概以为屈原放于江南所作。按之实际，亦不尽然。又说"章者，著也，明也，言己所陈忠信之道甚著明也"，更是望文生义的解释。此外，王逸序文中有些说法是和前人不同的。例如《招魂》的作者，司马迁说是屈原，王逸却认为是宋玉；又如《离骚》这个题目，司马迁、班固都认为是遭遇忧患的意思，而王逸说"离，别也；骚，愁也"。而且《离骚》下还有"经"字，解"经"为"径"，言屈原"放逐离别，中心愁思，犹依道径以风谏君也"。《离骚》称"经"，当然是后人所加，非屈原自题，王逸的解释是错误的。王逸在注文中也常常同时采用各种不同的说法，例如《离骚》"曾歔欷余郁邑兮"，注云"歔欷，惧貌"，又引或曰"哀泣之声也"；又"哀高丘之无女"引或云"高丘，阆风山上也；无女，喻无与己同心也，旧说，高丘，楚地名也"等。由此看来，他的《楚辞章句》也已经吸收了前人的成果，其中《离骚》《天问》两篇，恐怕就有班、贾、刘、扬诸家的注释在内。王逸这部著作，存在不少的缺点，其中一些穿凿附会的地方，也常为前人所指出。但其书时代较早，字句训诂多有可取。尤其如《楚辞》中多用方言土语，王逸既生长楚地，时代又去楚未远，所以均能一一指出，如云"扈，被也；楚人名被为扈""羌，楚人语词也"等，对后人学习《楚辞》很有帮助。又因为他吸收了别人的成果，所以一些汉代学者的说法，也多少赖以保存。因此这部书仍然是我们学习《楚辞》的重要注本。另外，本书从《九章·抽思》以下，注文往往采用隔句用韵的形式，如"哀愤结缙，虑烦冤也""哀悲太息，损肺肝也""心中诘屈，如连环也"之类，这也是一个特点，可为研究古韵的参考。

二、洪兴祖：《楚辞补注》十七卷、《楚辞考异》一卷

洪兴祖，字庆善，丹阳（今江苏丹阳市）人。宋政和中登上舍第，南渡后，历仕秘书省正字、太常博士等职，后出知真州（今江苏仪征市）、饶州（今江苏鄱阳县），因触犯秦桧而编管昭州卒。事详《宋史·儒林传》。《楚辞补注》主要是补王逸《楚辞章句》所未备者。其书体例，先列逸注于前，而一一疏通证明，补注于后，考证详审，征引宏富，不仅对《楚辞》文义时有阐发，且对旧解多有驳正，是一部极有价值的《楚辞》注本。另外《楚辞补注》中也常常引用六朝隋唐和同时期人的著作，这些著作现在都已失传，靠洪氏这部书保存了若干遗说。尤其是《楚辞释文》[①]一书，自宋南渡以后，

---

① 有关《楚辞释文》的作者及其他问题的考订，请参阅拙著《楚辞讲录》，见《文史》第一辑。

久已不为注家所知，而《楚辞补注》中尚保存不少。关于洪氏此书的撰述过程，据晁公武《郡斋读书志》和陈振孙《直斋书录解题》说，洪兴祖曾得欧阳修、苏轼、孙觉、苏颂等人的校本，互相参校，遂成定本，所以能补王逸《楚辞章句》所不足。且书成之后，又得姚廷辉本，作《楚辞考异》，附于古本《楚辞释文》之后。可见洪氏在《楚辞补注》之外，又作了《楚辞考异》，《楚辞考异》附在《楚辞释文》后面，原来都是各自独立成卷；但在今本《楚辞补注》中，《楚辞释文》与《楚辞考异》俱分散在各句之下，已非洪氏原书面目。且《楚辞释文》仅存七十多条，似乎也不完全。又晁公武《读书志》著录此书说"未详撰人"，不知何故；又所引作者自序，亦不见于今本《楚辞补注》中。可能因为洪氏曾得罪秦桧，故不敢举其姓名，洪氏自序也许就因为这个缘故而被人删去了。

《楚辞补注》一书，除了在名物训诂等方面作出了不小的贡献之外，洪氏的思想人格也往往有明显的表现。朱熹对这一点评价极高。他说："洪氏曰：'偭规矩而改错者，反常而妄作。背绳墨以追曲者，枉道以从时。'论扬雄作《反离骚》言'恐重华之不累与'，而曰：'余恐重华与沉江而死，不与投阁而生也。'又释《九章·怀沙》曰：'知死之不可让，则舍生而取义可也。所恶有甚于死者，岂复爱七尺之躯哉！'其言伟然可立懦夫之气，此所以忤桧相而卒贬死也。可悲也哉！"（见《楚辞辩证》）另外《楚辞补注》在王逸后序之后，又附论班固、颜之推等人对屈原的错误评论，认为他们的议论"无异妾妇儿童之见"。这也鲜明表现了他的思想倾向。

三、朱熹：《楚辞集注》八卷、《楚辞辩证》二卷

《楚辞集注》八卷，宋朱熹著。书中从卷一至卷五，以屈原所著的二十五篇为"离骚"，其篇章及次第一仍为王逸《楚辞章句》之旧；卷六至卷八以宋玉以下诸人的作品十六篇为"续离骚"，其篇章与王逸旧本有所不同，在贾谊《惜誓》之后，又增加了他的《吊屈原赋》和《服赋》；其他汉人的作品，仅取庄忌《哀时命》和淮南小山《招隐士》，余者皆以为"辞气平缓，意不深切"而删弃不录。注释的体例是将原作分为若干章（每章四句至八句不等），然后逐章为注，先注字音，后释字义并通解章内大意。又每章均标出"赋""比""兴"等字，如《毛诗传》之例。朱熹认为王、洪二家的著作只详于训诂，未得作者意旨，所以他作《集注》，特别注重发明屈子微意。但因此也就往往导致穿凿迂曲的毛病。例如他说《九歌·湘君》篇皆"阴寓忠爱于君之意"，又在"桂棹"六句下作注说："此章比而又比

也。盖此篇本以求神而不答比事君之不偶,而此章又别以事比求神而不答也。"又如《九歌·山鬼》篇全以托意君臣之间者为说"子慕予之善窈窕者,言怀王之始珍己也;折芳馨而遗所思者,言持善道而效之君也"等,都是显著的例子。书中凡谈到君臣关系、义理性情的地方,常常不免穿凿迁曲之病。又《大招》的作者,王逸谓疑不能明,朱氏则断为景差;且以宋玉《大言赋》《小言赋》为旁证,谓其中"凡差语皆平淡醇古",以此来推测《大招》亦景差所作。但《大言赋》《小言赋》乃后人所伪作,其中所引景差的话,均出自赋作者的创造。因此朱氏这一论断,可以说毫无根据。但《集注》在字句训诂和串解等方面,虽颇采前人的说法而往往比较简明透彻,有些地方态度也相当审慎,没有把握的宁可缺而不说,另外有些见解也比前人更为正确,例如《九歌》,王逸以为屈原见土俗祭祀歌舞之乐,其词鄙陋而作,朱熹则以为"颇为更定其词,去其泰甚",即在原来民间祭歌的基础上,屈原作了一番加工。又如《九章》,王逸以为屈原放于江南所作,"章者,著也,明也;言己所陈忠信之道甚著明也",朱熹则认为"屈原既放,思君念国,随事感触,辄形于声。后人辑之,得其九章,合为一卷,非必出于一时之言"。这些见解都是很正确的。所以统观全书,也有许多优点。《楚辞集注》在后世注家中影响极大,倘若我们要更多地了解宋以后的《楚辞》注释情况,也一定要先读一读这本书。

《楚辞集注》之外,朱熹还有《楚辞辩证》二卷。据他自述,有些驳难考证的问题,放在《楚辞集注》中恐怕文字太繁,故别为《楚辞辩证》一书,以备参考。其书于王洪旧说中多所驳正,如《离骚》深责椒、兰之不可恃,王逸以为指司马子兰、大夫子椒,朱熹则认为初非实有其人而以椒、兰为名字者。又如"巫咸降神"一节中,叙述傅说、吕望、宁戚诸事,洪氏以为屈原语,朱熹则认为巫咸所说,他们的说法都比前人正确。又他认为《离骚》中的"摄提"为星名,非太岁在寅之称,亦颇有参考价值。但如反对前人引《山海经》《淮南子》来证《天问》,认为二书本因解《天问》而作等说法,则绝不可信。

四、汪瑗:《楚辞集解》八卷、《楚辞蒙引》二卷、《楚辞考异》一卷

汪瑗,字玉卿,安徽歙县人,明万历间诸生。有《巽麓草堂诗集》;《楚辞集解》八卷,附《楚辞蒙引》二卷,《楚辞考异》一卷。《楚辞集解》虽注屈原赋,但缺《天问》(从书中有关题跋看,《天问》原来也有注,后来为人匿去);《楚辞蒙引》则仅有《离骚》一篇。关于汪瑗此书,

《四库提要》有如下评论："《楚辞》一书，文重义隐，寄托遥深。自汉以来，训诂或有异同，而大旨不相违舛。瑗乃以臆测之见，务为新说，以排诋诸家。其尤舛者，以'何必怀故都'一语为《离骚》之纲领，谓（屈原）实有去楚之志，而深辟洪兴祖等谓原惓惓宗国之非。又谓原为圣人之徒，必不肯自沉于水，而痛斥司马迁以下诸家言死于汨罗之诬。盖掇拾王安石《闻吕望之解舟》诗李壁注中语也。亦可为疑所不当疑、信所不当信矣。"今按《四库提要》言汪"务为新说"，不为无据，其所举二例，错误尤为显然。但从全面来说，《四库提要》的评论尚欠公允。因汪瑗此书，在材料思考两方面，均用力甚勤。他所提出的"新说"，有些固然是"臆测之见"，但也有不少卓越见解，例如《九歌·礼魂》，王逸以为"祭善终者"，洪兴祖、朱熹无异说；而汪瑗则以《九歌·礼魂》为前十篇的"乱"辞，此说后来即为王夫之所采用，或与之暗合。又如《九歌·湘君》《九歌·湘夫人》两篇，从来皆以舜与二妃（娥皇、女英）为说，汪独以为"湘君者，盖泛谓湘江之神；湘夫人者，湘君之夫人"，说明这是神话中一对配偶神。又指出二篇的关系，前篇"盖托为湘君以思湘夫人之词，后篇又托为湘夫人以思湘君之词"，此说后来为闵齐华《文选瀹注》所采用（闵氏取汪说之处极多）。又《离骚》"夏康娱以自纵"，前人均以"康娱"指夏太康而言，汪氏则以"夏"为"夏之子孙，指太康而言"，而"康娱"二字则解为"犹言逸豫也"。后来戴震明确指出"康娱"为连文，可能也是接受了汪氏的说法。这些都是极有启发意义的解释。又《离骚》"吾令羲和弭节兮"，朱熹因为不同意用神话来解释屈原作品，故释羲和为尧时主四时之官；汪氏驳他说："屈子之所用羲和，与望舒、飞廉等号一也。如以羲和不为日御，则望舒亦不当为月御、飞廉亦不当为风伯矣。"其敢于驳正旧说，往往如此。《楚辞蒙引》二卷重在辩证考释，亦因文字繁重，不宜入《楚辞集解》正文，故别为附录。《楚辞考异》则以王、洪、朱三本互校字句，但列异文而不断以己意。

五、王夫之：《楚辞通释》十四卷

王夫之，字而农，号姜斋，湖南衡阳人。他在明清之际，与顾炎武、黄宗羲并以气节及学问见称。因隐居衡阳石船山，世称"船山先生"。《楚辞通释》十四卷，依王逸《楚辞章句》而删去《七谏》以下五篇，加入江淹的《山中楚辞》《爱远山》二篇及自己作的《九昭》一篇，共为四十四篇，各为分段立释。明末清初时，注楚辞的人最多，一般都通过屈原作品的注释，寄托了自己的民族思想，这一点在王氏《楚辞通释》中表现得尤为深切。如《天问》"帝降夷羿"一段，他借寒浞杀后羿事说："盖无道必亡，虐民纵欲，虽有强力，不足凭也。"又"日安不到，烛龙何照"二句，王氏说："天地之间，必无长夜之理，日所不至，尚或照之，见明可以察幽，人心其容终昧乎？"在当时环境中，这都是有所指而发的。又自序《九昭》说："有明王夫之，生于屈子之乡，而邅闵戢志，有过于屈者。"更明以屈子的遭际自况。至于文字训诂方面，以考释《九章·哀郢》时、地最为学者所称道。按旧说《九章·哀郢》"方仲春而东迁"指怀王时屈原遭放逐而东行，王氏则以为追忆顷襄王二十一年（前278）迁都于陈事。是年秦将白起破郢，故王氏谓"哀故都之弃捐，宗社之丘墟，人民之离散，顷襄之不能效死以拒秦，而亡可待也。……曰东迁、曰楫齐扬、曰下浮、曰来东、曰江介、曰陵阳、曰夏为丘、曰两东门可芜、曰九年不复，其非迁原于沅湘，而为楚之迁陈也明甚。王逸不恤纪事之实，谓迁为原之被放，于《哀郢》之义奚取焉？"至谓《九歌·礼魂》为"前十祀之所通用，而言终古无绝，则送神之曲也"，近人均以为王氏所新创，其实似是采用汪瑗之说而有所引申。又王氏曾疑上官大夫与靳尚为一人，① 则蒋骥《山带阁注楚辞》已辨其非。又《远游》一篇，专取道家修丹炼形之术以为解

---

① 见《离骚》序小注。

说,更是旁门外道,不恰当的附会。

六、钱澄之:《楚辞屈诂》不分卷

钱澄之,原名秉镫,字饮光,安徽桐城人。他生于晚明,入清后隐居不仕,自号田间老人。《楚辞屈诂》一名《屈子诂》,与《庄子内七诂》合为一书,题曰《庄屈合诂》。其体例是先列朱熹及汪瑗、张凤翼、黄文焕、李陈玉等人的旧说在前,以下标出"诂曰",方是自己的意见。作者在"楚辞屈诂自引"中说,他最反对前人牵强穿凿的解释,因此他认为《九歌》"本楚南祀神之乐章,原从而改正之,虽其忠爱之思时有发见,而谓篇篇皆托兴以喻己志者,凿矣"。又说《天问》"发撼其胸中所多不可解之愤懑。而必求其义对之,以解其所不解,岂非愚乎"。又说"《九章》之义,具于命题,按题以诂,大略可见,正不俟牵强穿凿以为之也"。(按:牵强穿凿确是前人注骚的通病,钱氏的态度比较实事求是,这是值得肯定的。)再看他所作的字句解释,一般也比较平正通达,如《离骚》"纷吾既有此内美兮,又重之以修能"二句,他说:"'内美'以质言,'修能'以才言;'重之'言既有其质,又有其才也。"又"众不可户说兮,孰云察余之中情?世并举而好朋兮,夫何茕独而不予听?"四句,他说:"此亦述女媭之言,上'余'字为原言也，下'予'字自指。"又"折若木以拂日兮，聊逍遥以相羊"二句，他说："折若木以拂日，犹麾戈以返日也。吾既至西，犹当拂日，使不遽沉，得以逍遥相羊，庶可从容以求索耳。"又如"和调度以自娱兮，聊浮游以求女"二句，他说："'调度'，指玉音之璆然有调有度也。古者佩玉，进则抑之，退则扬之，然后玉声锵鸣；和者，鸣之中节也。"这些说法都比较简明准确。但他解释《九歌》，认为"河非楚所及，山鬼涉于妖邪，不宜祀；屈原仍举其名，改为之词，而黜其祀，故无赞神之语，歌舞之事。则祀神之歌正得九章"，又纯为臆测之见。但因他力戒牵强穿凿，所以过分荒谬的地方，毕竟比较少见。

七、林云铭：《楚辞灯》四卷

林云铭，字西仲，福建闽县（今福建福州市）人，清顺治戊戌进士，官徽州府通判。本书自序说："二千年中，读骚者悉困于旧诂迷阵，如长夜坐暗室，茫无所睹。……颜之曰'灯'，庶屈子之文可以烛照无遗。"这就是本书命名的含义。书中单取屈原所作（包括《大招》）逐句诠释，旁加圈点，每篇各为"总论"。卷首除《史记·屈原贾生列传》外，又附"楚怀襄二王在位事迹考"，并考订屈原生平事迹系之于后。又重订《九章》各篇的次第，自《涉江》以下，都与旧本不同。改为《惜诵》第一，《思美人》第二，《抽思》第三，《涉江》第四，《橘颂》第五，《悲回风》第六，《惜往日》第七，《哀郢》第八，《怀沙》第九。谓《惜诵》是怀王时见疏之后，又进言得罪而作，那时只是见疏，并未放逐；本传说他不复在位，是不复在左徒之位，而非不在朝廷。又谓《思美人》及《抽思》都是怀王放原在外时所作，但此时是在汉北，与江南无涉；唯《涉江》《橘颂》《悲回风》《惜往日》《哀郢》《怀沙》六篇，才是顷襄王时放在江南所作。这些说法本采自明黄文焕《楚辞听直》，虽有些地方还需要商榷，但比王逸、朱熹等人的看法又进了一步。至于《大招》一篇，他认为也是屈原所作，这虽本王逸旧说，但王逸又谓"或曰景差，疑不能明"，所以后来朱熹等又肯定为景差所作；而黄文焕《楚辞听直》则断言二招均为屈原之辞，林氏此说即本于黄氏，而又详加申说，认为《招魂》是屈原自招，《大招》则屈原招怀王，"特谓之大，所以别于自招，乃尊君之词也"。这些见解我们认为有得有失。本书的注解较为浅近，有些地方亦简明可取。如释《离骚》"屈心而抑志兮，忍尤而攘诟"，"攘"作"取"解；又"依前圣以节中兮"，说"节中即折中，乃持平之意"。但林氏此书，纯以点评时文的方法来解释古书，未免近于浅陋，所以《四库提要》称它为"乡塾课蒙之本"，恐怕也是事实。

八、王邦采：《离骚汇订》四帙、《屈子杂文笺略》二帙

王邦采，字贻六，江苏无锡人。清康熙间诸生。《离骚汇订》第一帙为"卷首"，列载司马迁《史记·屈原贾生列传》、沈亚之《屈原外传》及贾谊《吊屈原赋》，并有自作序文、书后、象赞及《读离骚绝句》等。第二、三、四帙为《离骚汇订》正文，采王逸、洪兴祖、朱熹、徐焕龙、林云铭、朱冀六家之说，而在按语中提出自己的看法，除疏通文义外，于林云铭、朱冀之说多所驳正。王氏分《离骚》全文为三大段，自首句至"岂余心之可惩"为第一大段；自"女媭之婵媛兮"至"余焉能忍与此终古"为第二大段；自"索藑茅以筳篿兮"至篇末为第三大段。按这一分段法最能说明《离骚》内容的层次，所以直到现在还多为人所采用。其余字句训诂方面，有的地方亦较前人为准确，如《离骚》"览察草木其犹未得兮，岂珵美之能当"二句，前人释"当"字，均患在不切；王氏则谓"当如《司马相如传》云'恐不得当也'，注云，'当，谓对偶之'。珵美之能当，乃所以两美其必合也"。至如"理弱而媒拙"句，王氏认为屈原以贞而不字之淑女比隐而不仕之高人，并说"夫劝之出仕，何以患理弱哉？盖天下莫强于理，然在治世则

强，在乱世则弱"。又"和调度以自娱"句，王氏以为"言声调太高，则和者弥寡，法度太峻，则合者愈难。和其调，则不伤于促矣；和其度，则不病于隘矣"。这些话都是望文生义，不仅流于穿凿，并且词义的解释也都有错误。《屈子杂文笺略》二帙，包括除《离骚》以外的其他屈原作品。其字句解释有得有失，和《离骚汇订》大致相同。但王氏因《九章》《九辩》都是九篇，所以认为《九歌》中《湘君》《湘夫人》只作一歌，《大司命》《少司命》只作一歌，来凑合九篇的数目，则甚属无谓。又说《远游》一篇，在游过东西两方之后，因不忍南游，故由西即以及北。其实"二女御，九韶歌，使湘灵鼓瑟兮，令海若舞冯夷"等语，又何尝不是南游。附会之谈，亦不足取。

九、蒋骥：《山带阁注楚辞》六卷、《楚辞余论》二卷、《楚辞说韵》一卷

蒋骥，字涑塍，清武进（今江苏常州市）人。《山带阁注楚辞》六卷，自序题康熙癸巳；又有后序，作于雍正丁未，于生平遭际及成书过程有所叙述。卷端冠以《史记·屈原贾生列传》、唐沈亚之《屈原外传》及《楚世家》节略；并考屈原事迹的始末，分别系于"节略"之后。附《楚辞地理》五图。

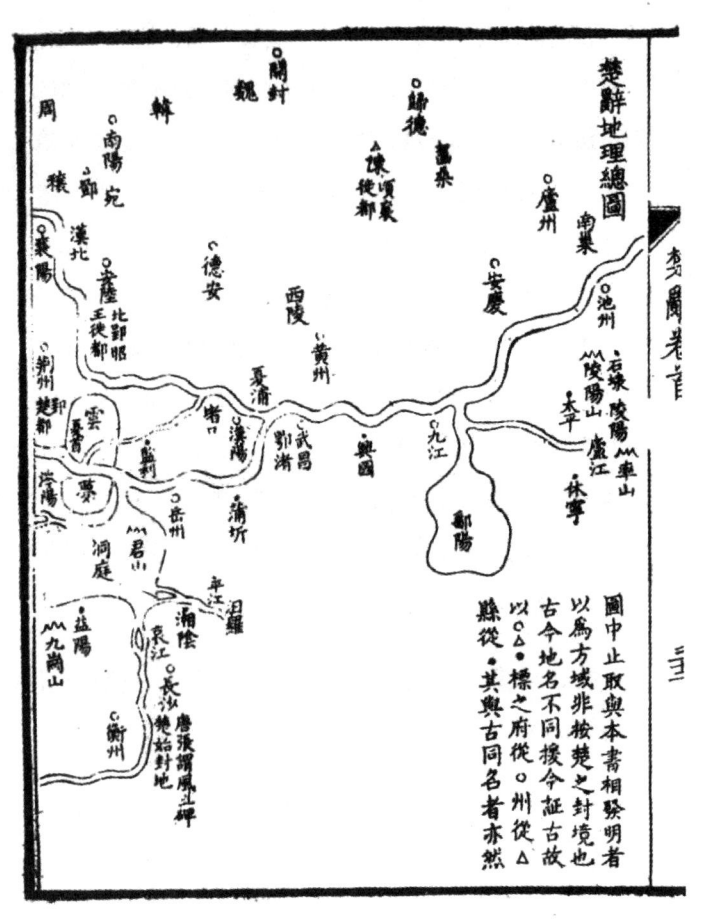

楚辞地理总图

该系列图为《楚辞地理》五图,出自清代蒋骥《山带阁注楚辞》。

此为第一图。

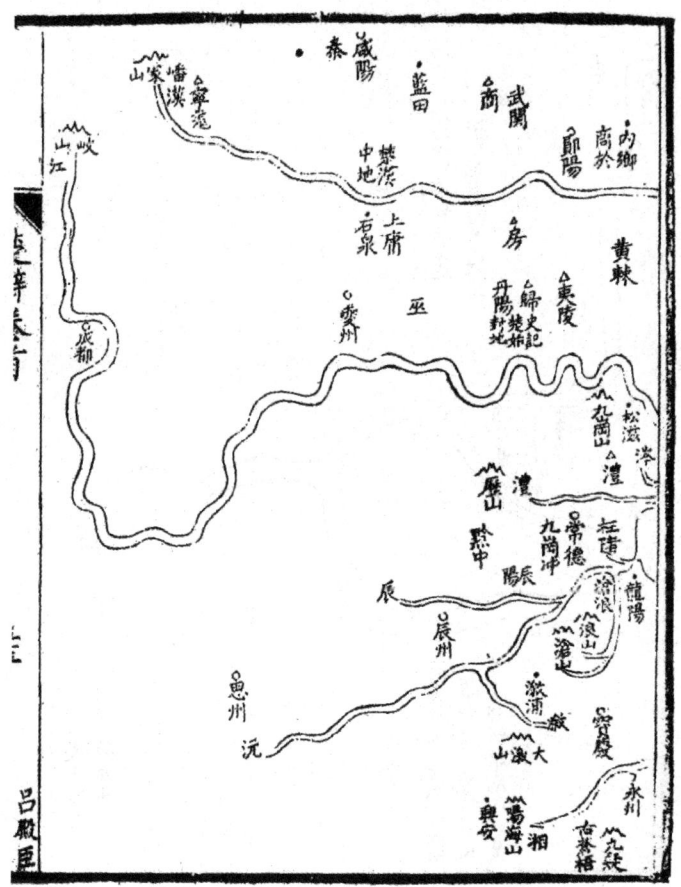

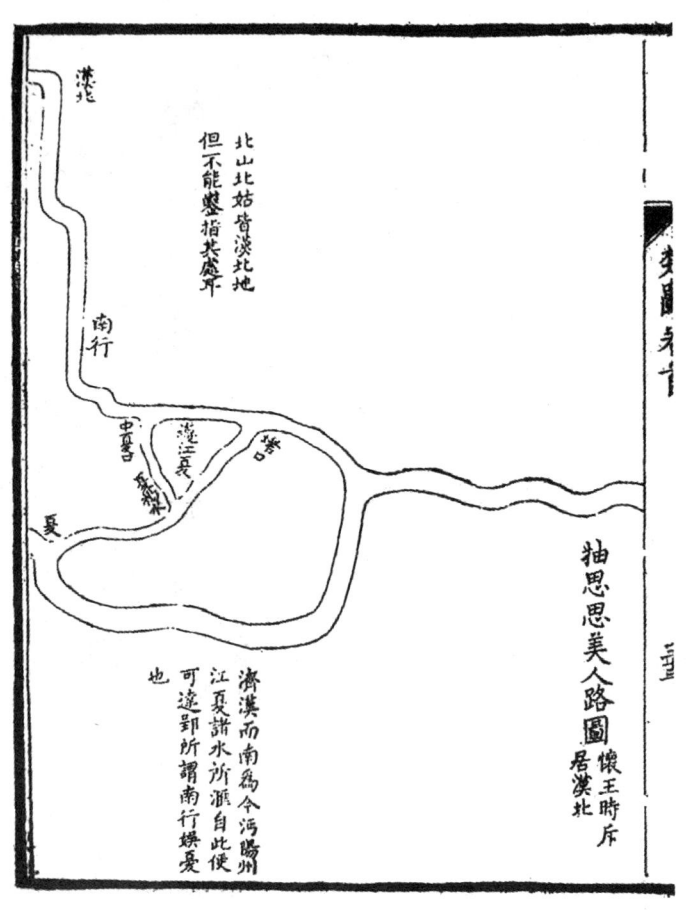

抽思、思美人路图
原注：怀王时斥居汉北。
此为第二图。

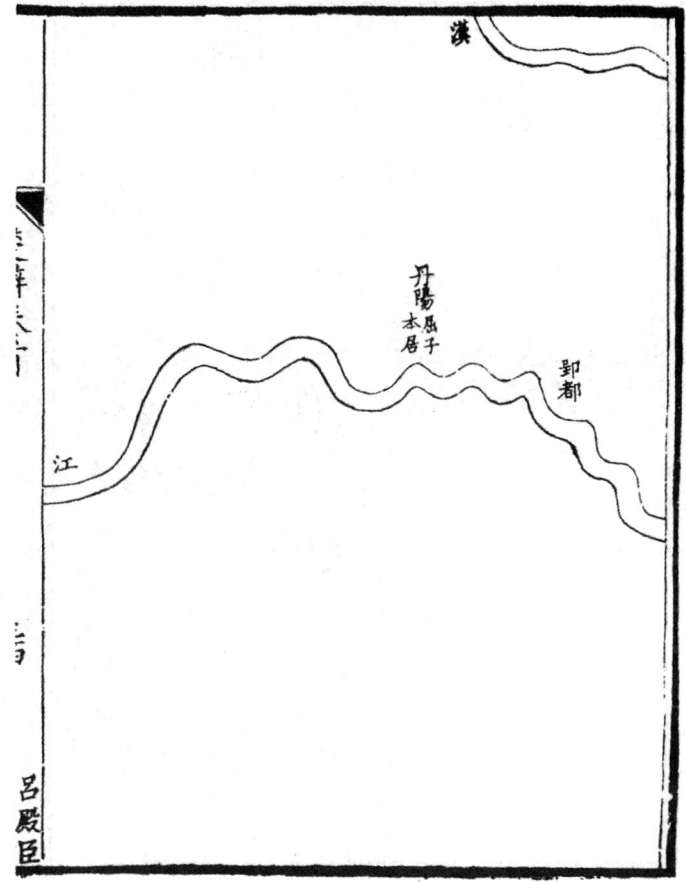

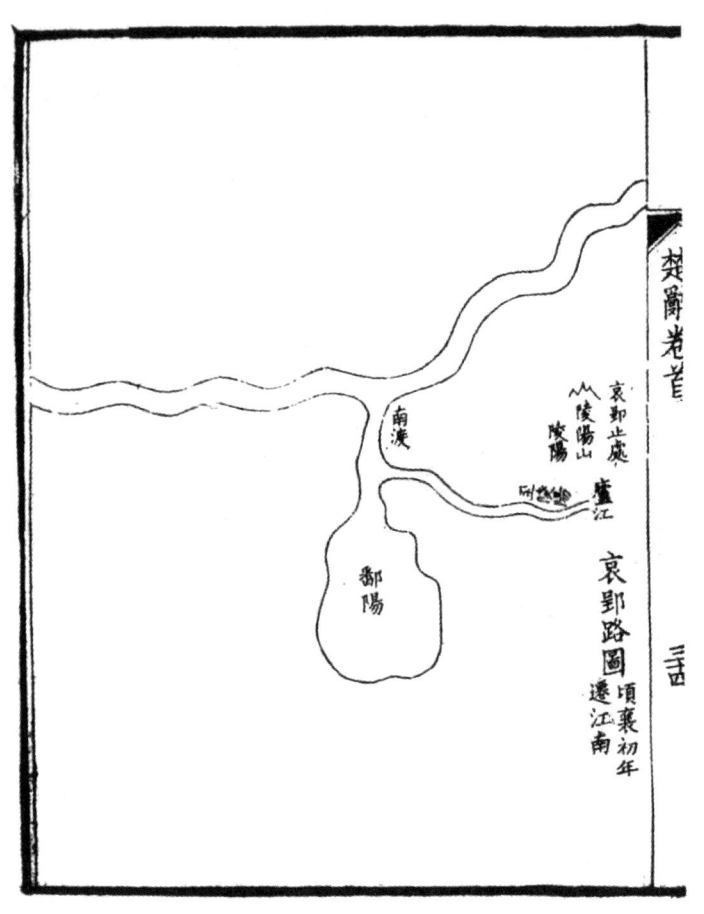

哀郢路图

原注：顷襄（王）初年迁江南。

此为第三图。

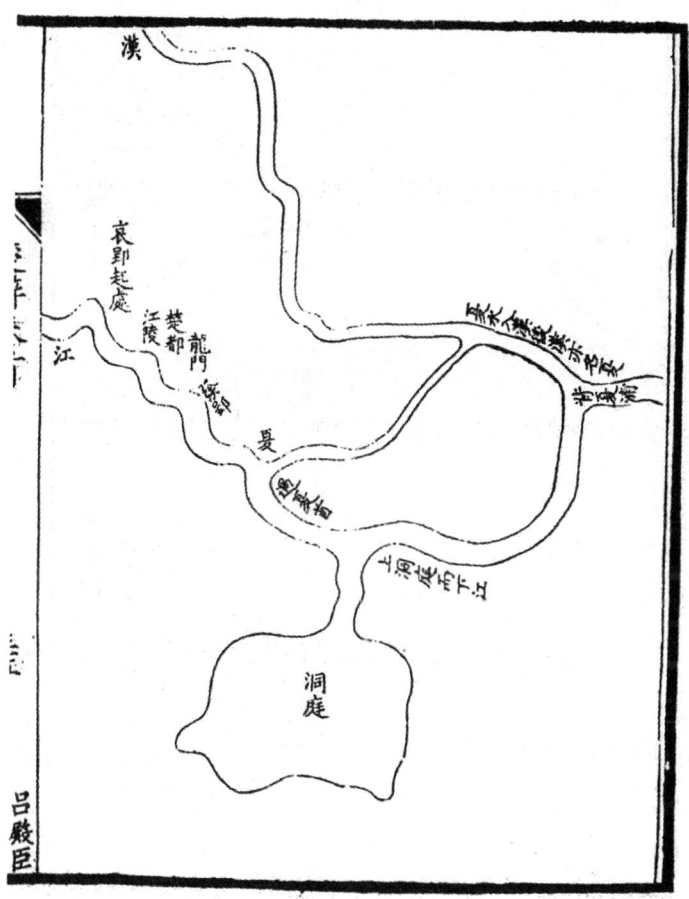

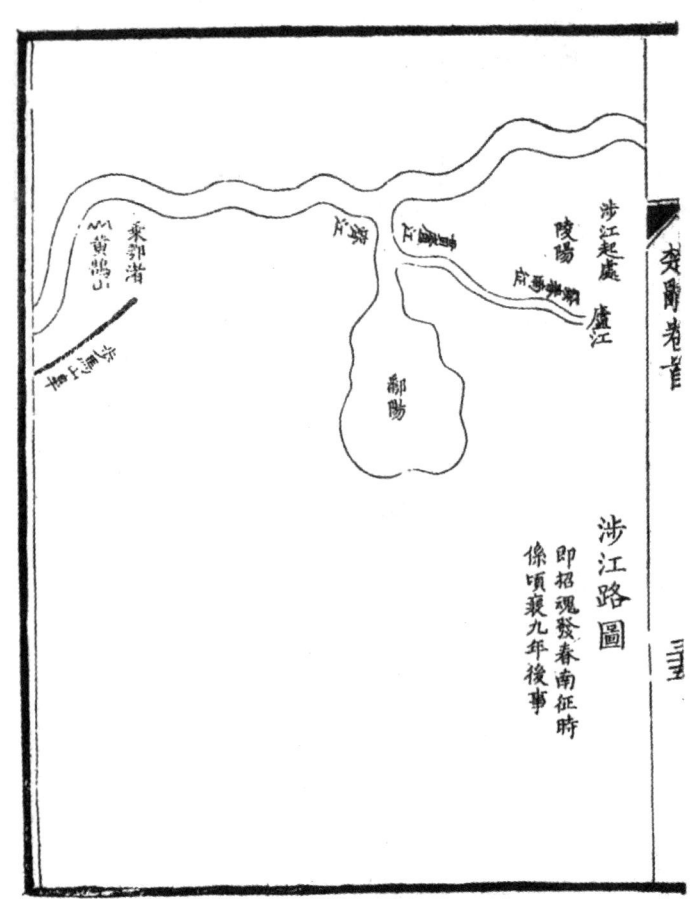

涉江路图

原注：即《招魂》发春南征时，系顷襄（王）九年后事。

此为第四图。

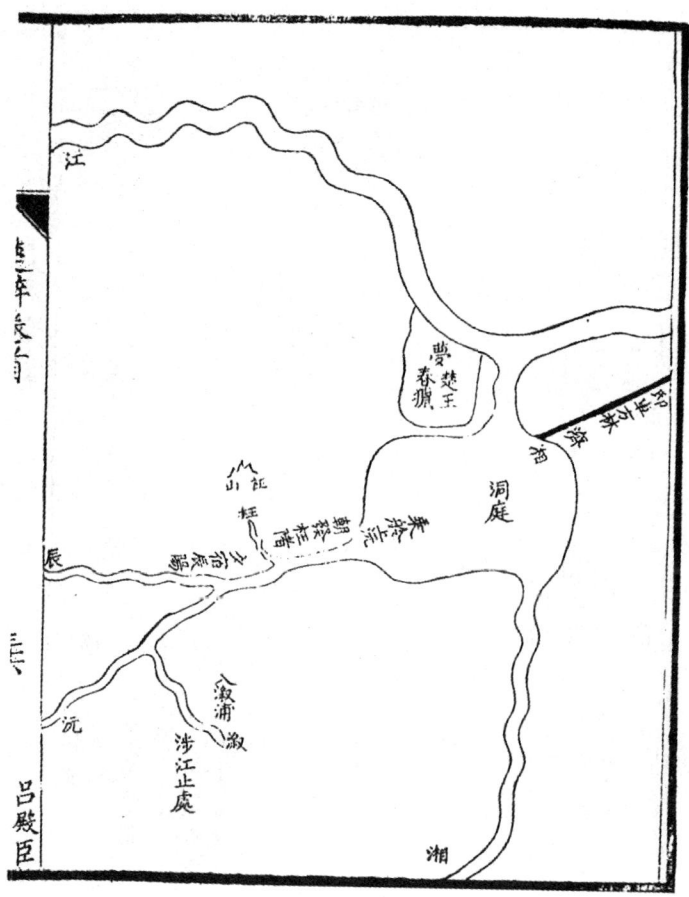

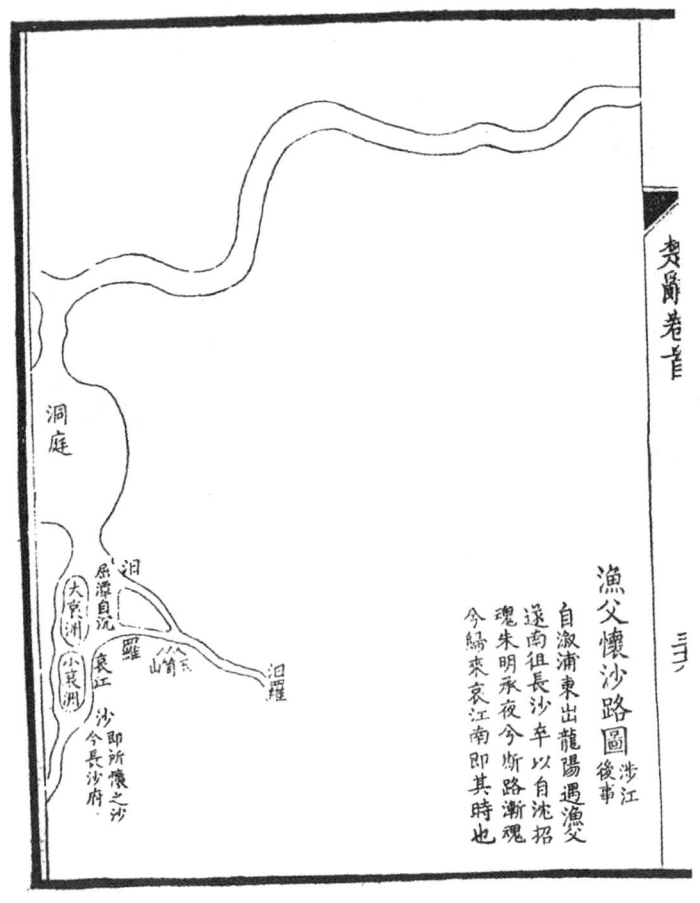

渔父、怀沙路图

原注:《涉江》后事。自溆浦东出龙阳遇渔父,遂南徂长沙,卒以自沈。《招魂》"朱明承夜兮斯路渐,魂兮归来哀江南"即其时也。

此为第五图。

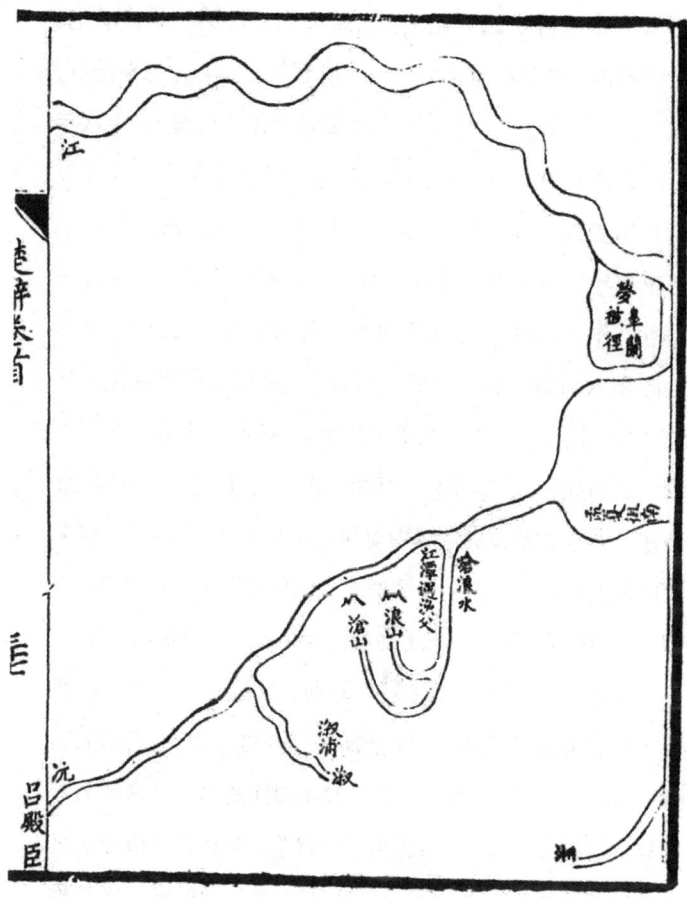

蒋骥又在篇目附记中说："（屈原）作文次第，年代幽远，无可参核，窃尝以意推之……（屈原）初失位，志在洁身，作《九章·惜诵》。已而决计为彭咸，作《离骚》。十八年后，放居汉北，秋，作《九章·抽思》。逾年春，作《九章·思美人》。其三年，作《卜居》。——此皆怀王时也。怀王末年，召还郢；顷襄王即位，自郢放陵阳；三年怀王归葬，作《大招》。居陵阳九年，作《九章·哀郢》。已而自陵阳入辰溆，作《九章·涉江》。又自辰溆出武陵，作《渔父》。适长沙，作《九章·怀沙》《招魂》。其秋，作《九章·悲回风》。逾年五月，沉湘，作《九章·惜往日》。"此外在《九章》各篇的注释中对年月道里等问题又特加详辩。所以蒋氏此书，在屈原生平事迹及作品创作时、地的考证方面，用力最深；有许多地方考据颇为精确，值得我们参考。

但他说《离骚》作于怀王时期，又说屈原卒于"顷襄王十三四年或十五六年"（前286—前283），则我们不能同意。《楚辞余论》二卷，主要是驳正旧注的错误，考证名物的异同。如《离骚》"摄提贞于孟陬"，朱熹以为摄提是星名，驳王逸太岁在寅之说。蒋氏则认为"摄提格"之省称"摄提"，乃"古人删字就文，往往不拘"之故，并引《后汉书·张纯传》"摄提之岁，苍龙甲寅"为证，指出"时建武十三年，（王）逸尚未生，已有此号"。又《离骚》"夕餐秋菊之落英"，自洪兴祖以下，因泥于秋花不自落的成见，所以作了种种不同的解释，蒋氏则以为"落字与上句坠字相应，强觅新解，殊觉欠安"。这些看法都很正确。至于他解释"昔三后之纯粹"句，以"三后"指伯夷、禹、稷，认为周以前诸侯皆称后，可以用来指臣下，则恐不合上下文义。又说"《离骚》以女喻贤君，以芳草喻贤臣，首尾一线，不相混淆"，也是比较主观的看法。尤奇者，他解《招魂》"魂兮归来哀江南"，以"哀江"为地名，则前此未有的创说，很难令人信服。最后《说韵》一卷，分以字母，通以方音，每部列"通韵""叶韵""同母叶韵"三例，引证古书，极为繁博。明清两代的楚辞注家，或偏于破碎的训诂，或偏于迂腐的义理，而蒋氏此书则表现了实事求是的精神，征引宏富，考证详明，对《楚辞》的确下过一番比较全面深入的工夫，所以与某些人云亦云，甚至以抄袭剽窃为事者，迥乎不同。其参考价值自亦在一般的《楚辞》注本之上。

十、戴震：《屈原赋注》十卷、《通释》二卷、附汪梧凤《音义》三卷

戴震，字东原，安徽休宁人。作为乾隆时期著名学者，他解释屈原赋注重在字句训诂、名物考释，很少有空谈义理的地方。如《离骚》"昔三后之纯粹"，前人或以

为指禹、汤、文王；或以为指少昊、颛顼、高辛。戴氏认为："三后谓楚之先君贤而昭显者，故径省其辞，以国人共知之也，今未闻在楚言楚，其熊绎、若敖、蚡冒三君乎？"又自注说："犹《下武》言'三后在天'，共知为太王、王季、文王。"又《离骚》"恐皇舆之败绩"，前人多解"绩"为功绩，戴氏则说"车覆曰败绩"，引《礼记·檀弓》"马惊败绩"及《春秋传》"败绩厌覆是惧"为证。诸如此类，其训诂均在先秦古籍中有所根据。又《离骚》"夏康娱以自纵"，旧说为夏太康娱乐纵放，戴氏则以为"夏之失德也，康娱自纵，以致丧乱"，并说"'康娱'二字连文，篇内凡三见"。虽汪瑗已有类似之说，但戴氏从归纳文例着手，自然更为可信。又《天问》题解说："问，难也；天地之大，有非恒情所可测者，设难疑之；而曲学异端，往往骛为闳大不经之语，及夫好诡异而善野言，以凿空为道古，设难诘之，皆遇事称文，不以类次，聊舒愤懑也。篇内解其近正，阙所不必知，虽旧书雅记，其事概不取也。"态度也相当严谨。至于他说《九歌》各篇是就当时的祝典为赋，非祀神所歌，与王逸、朱熹之说相反，不能令人置信。又谓屈原之歌《九歌·河伯》，大概投江之意已决，故说"灵何为兮水中"，又说"波来迎""鱼媵予"云云，更属附会之谈。《通释》二卷，上卷疏证山川地理，下卷疏证草木鱼虫，考证名物，多有根据。

戴氏书《通释》之后别有《音义》三卷，乃歙县汪梧凤所作。汪字在湘，与戴震同学，著有《松溪文集》，又撰《诗学女为》二十六卷。据建德周氏刻本《屈原赋注》，《音义》后有汪氏自记，谓据戴君注本为《音义》三卷，体例略拟陆德明《经典释文》。今通行本删去汪氏自记，读者遂不知《音义》非戴氏所作。今观其书，音读详明，校勘精审，考证文义故实时有可取。如《离骚》"不抚壮而弃秽兮"句，汪氏以"不"字为衍文，说"按王逸云'言愿君抚及年德盛壮之时'；又《文选》注云：'抚，持也。言持盛壮之年'，此汉唐相传旧本无'不'字之证。洪兴祖作补注，不详核此字为后人所加，而云'谓其君不肯当年德盛壮之时弃远谗佞也'，宋以来遂无异说。盖由'美人'二字失解，故改古书以就其谬，而不顾失立言之体。"①又《天问》"逢彼白雉"，汪氏引汲冢古文昭王伐楚，天大曀，雉兔皆丧事为解，与徐文靖《管城硕记》不谋而合。此外纠正俗本字句之处尚多，足资读者参考。

---

① 胡绍瑛《文选笺证》引此条，正作汪梧凤《离骚音义》，亦可证《音义》确为汪氏所著无疑。

附录四

屈原年谱

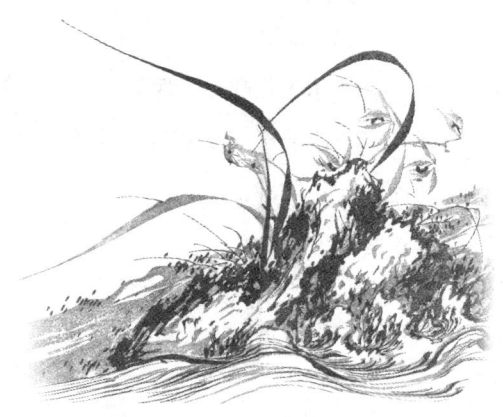

楚宣王二十七年　戊寅（前343）

一岁

按《离骚》云"摄提贞于孟陬兮，惟庚寅吾以降"，则屈子盖以是年正月庚寅日生。

楚怀王十一年　癸卯（前318）

二十六岁

苏秦约从山东六国攻秦，怀王为从约长。屈原初为左徒，王甚任之。

楚怀王十二年　甲辰（前317）

二十七岁

齐湣王伐败赵、魏军，秦亦伐败韩，与齐争长。屈原为楚东使于齐，以结强党。秦惠王患之。

楚怀王十三年　乙巳（前316）

二十八岁

怀王使屈原造为宪令，屈平属草稿未定，上官大夫见而欲夺之，屈原不与。因谗之王，遂见疏。

按：此事见本传，《新序》不识。意即张仪至楚，厚赂上官所为。今姑载于此。

楚怀王十六年　戊申（前313）

三十一岁

秦欲伐齐，齐与楚从亲，惠王患之。乃宣言张仪免相以事楚，许以商於之地六百里。怀王遂绝齐。

按：张仪欺怀王，陈轸独吊，以为不可。王不听。见《楚世家》。然是时原必力谏。史并失载。

楚怀王十七年　己酉（前312）

三十二岁

怀王既见欺，乃发兵伐秦。陈轸又谏，不听。是年春，战于丹阳，大败，秦虏其将屈丐。怀王复悉发国中兵击秦，战于蓝田，又大败。韩魏闻之，袭楚，至邓；而齐怒竟不救楚，楚大困。方楚之伐秦也，起用屈原，使使于齐以求援。已而复交。

按：本传无起用之文，唯《新序》言是时怀王悔不用屈原之策以至于此，于是复用屈原。又本传及世家并于次年载屈原使齐反，谏释张仪事，则原于是役复见起用可知。盖传文偶略之耳。黄式三云："先是楚王听张仪之欺，自恨不用屈原而至此，乃复用屈原。屈原因受命使齐，思合齐以报张仪之耻。"其说是也。又按《楚世家》不言复交事，以下文二十四年倍齐之文推之，齐楚必复旧好矣。

楚怀王十八年　庚戌（前311）

三十三岁

秦使使约复与楚亲，分汉中之半以和楚。怀王曰："不愿得地，愿得张仪而甘心焉。"及仪至，又释之。是时屈子使齐反，谏曰："何不杀张仪？"怀王悔，追之不及。是岁，秦惠王卒。明年，张仪死于魏。

按：《张仪传》谓秦要楚，欲得黔中地，以武关外易之。楚王曰："愿得张仪而献黔中地。"及仪至，因郑袖之言而免。遂说楚王事秦。屈原谏。王曰："许仪而得黔中，美利也！"卒许之，与秦亲。与本传世家小异。然是时楚弱秦强，非欲易地，曷为无故分汉中以求和？怀王之不杀张仪，固惑于郑袖之言，亦缘重去黔中地耳。参合史文观之，仪传似较为翔实。

楚怀王二十四年　丙辰（前305）

三十九岁

楚复倍齐而合秦。时秦昭王初立，乃厚赂于楚，楚往迎妇。屈原切谏，不听。放于汉北。

按：自怀王十七年，秦楚构兵；十八年，使屈原使齐以求平。本传虽言齐怒不救楚，然观世家二十四年倍齐之文，则齐之不救楚，乃屈子使齐以前事；屈子使齐以后，齐楚即复交，直至今岁始解约也。

又按：此次背齐而合秦，屈子必切谏，卒以谏而见放耳。史并失载。

楚怀王二十五年　丁巳（前304）

四十岁

怀王入秦，与秦昭王盟，约于黄棘。秦复与楚上庸。

按：《九章·悲回风》有"施黄棘之枉策"语，注家好以此事传会之，不相涉也。余别有说。

楚怀王二十六年　戊午（前303）

四十一岁

齐韩魏为楚负其从亲而合于秦，三国共伐楚。楚使太子入质于秦而请救。秦遣客卿通将兵救楚，三国引兵去。

楚怀王二十七年　己未（前302）

四十二岁

秦大夫有私与楚太子斗。楚太子杀之而亡归。

楚怀王二十八年　庚申（前301）

四十三岁

秦与齐韩魏共攻楚，杀楚将唐眛，取重丘。

楚怀王二十九年　辛酉（前300）

四十四岁

秦复攻楚，大破之，杀其将景缺。怀王恐，乃使太子为质于齐以求平，召回屈原于汉北，使使于齐。

按：屈子被召，史亦不载。然本传有次年谏王入秦之事，则是年必复召矣。

楚怀王三十年　壬戌（前299）

四十五岁

秦昭王遗怀王书，约会盟于武关，屈原、昭睢俱谏王毋行，而怀王稚子子兰独劝王无绝秦欢。遂入秦。秦留之以求割巫黔中地。是岁太子横自齐归，立为王，是为顷襄王。秦复攻楚，大败之。取十六城。

按本传，怀王欲行，屈平曰："秦，虎狼之国，不可信，不如无行。"而《楚世家》止载昭睢有此言，与本传异。《索隐》云："盖二人同谏，故彼此各随录之也。"其说是。

楚顷襄王二年　甲子（前297）

四十七岁

怀王逃归，亡走赵，赵不纳。追及之，复归秦。

楚顷襄王三年　乙丑（前296）

四十八岁

怀王卒于秦，秦人归其丧，楚人皆怜之，如悲亲戚。诸侯由是不直秦。秦楚绝。

按：《史记·项羽本纪》，范增说项梁曰："秦灭六国，楚最无罪。自怀王入秦不反，楚人怜之至今。故楚南公曰：'楚虽三户，亡秦必楚也！'"乃求得楚怀王孙心，立以为楚怀王，从民所望也。

楚顷襄王六年　戊辰（前293）

五十一岁

秦白起伐韩，大胜，斩首二十四万。乃遗书楚王以要战，顷襄王患之，乃谋复与秦平。

楚顷襄王七年　己巳（前292）

五十二岁

楚迎妇于秦，秦楚复平。

楚顷襄王十三年　乙亥（前286）

五十八岁

屈原再放于陵阳。

按本传，顷襄王立，以其弟子兰为令尹。楚人既咎子兰劝王入秦不反，屈平亦嫉之，子兰大怒，使上官大夫短屈原于顷襄王。顷襄王怒而迁之。今以《九章·哀郢》九年不复一语逆推之，屈子再放当在是年。盖以《九章·哀郢》之作，在顷襄王二十一年白起破郢之后也。

楚顷襄王十四年　丙子（前285）

五十九岁

顷襄王与秦昭王好会于宛，结和亲。

楚顷襄王十五年　丁丑（前284）

六十岁

楚与秦、三晋、燕共伐齐，取淮北。是岁，齐湣王被杀。

楚顷襄王十六年　戊寅（前283）

六十一岁

顷襄王与秦昭王好会于鄢。其秋，复与秦王会穰。

楚顷襄王十九年　辛巳（前280）

六十四岁

秦伐楚，楚军败。割上庸、汉北地予秦。

楚顷襄王二十年　壬午（前279）

六十五岁

秦白起拔楚鄢、西陵。

楚顷襄王二十一年　癸未（前278）

六十六岁

白起拔郢，烧楚先王墓夷陵。顷襄王兵败，不复战。东北保于陈城。是时屈子再放已九年，作《九章·哀郢》以见意。

按：郢破之时，屈子再放已久，而犹不见召；乃以次年初春自陵阳西南行，泝江入湖，上沅水而达辰溆。

楚顷襄王二十二年　甲申（前277）

六十七岁

秦复拔楚巫黔中郡。是岁，屈子自沉卒。

按：黔中，即屈子此行所至之地，栖息甫定，而秦兵大至，乃以是年孟夏下沅入湘，至于长沙。又逾月，赴汨罗而正命焉。

他们的故事 我们的底色